Andreas Neider

Medienbalance

Andreas Neider

Medienbalance

Erziehen im Gleichgewicht mit der Medienwelt
Ein Elternratgeber

Mit einem Vorwort
von Prof. Dr. Christian Rittelmeyer

Verlag Freies Geistesleben

Andreas Neider, Jahrgang 1958, studierte Philosophie, Ethno-
logie, Geschichte und Politologie. Siebzehn Jahre arbeitete er im
Verlag Freies Geistesleben als Lektor und Verleger, seit 2002 ist er
Leiter der Kulturagentur «Von Mensch zu Mensch». Seminare oder
Vorträge zum Thema der «Medienbalance» können gerne ange-
fragt werden. E-Mail: aneider@gmx.de

1. Auflage 2008

Verlag Freies Geistesleben
Landhausstraße 82, 70190 Stuttgart
Internet: www.geistesleben.com

ISBN 978-3-7725-2288-8

Inhalt

Vorwort

In seinem autobiografischen Text *Dichtung und Wahrheit* berichtete Goethe von der ersten Bekanntschaft mit Homers Epen in einer Prosaübersetzung. Der Band war illustriert mit Kupferstichen nach dem Muster französischer Theateraufführungen jener Zeit. Die Bilder, so Goethe, verdarben ihm dermaßen die Einbildungskraft, dass er sich die homerischen Helden lange Zeit nur noch nach diesem Muster vorstellen konnte. – Mir kommt dieser Bericht häufig in den Sinn, wenn ich Romane, Sagen oder Märchen *lese*, die ich zuvor in einer Film- oder Fernsehversion *gesehen* habe. Wo die Fantasie schöpferisch innere Bilder erzeugen sollte, drängeln sich Filmschauspieler und Filmszenen in die innere Anschauung. Ganz anders geht es mir bei der erstmaligen (und wiederholten) *Lektüre*: Hier erzeuge ich immer wieder neue innere Bilder, entfalte also *Fantasie* oder *Kreativität*. Ich bemerke, wie sich die inneren Bilder bei erneuter Lektüre verändern, also in neuer Gestalt hervorgebracht werden.

Man übt beim Lesen von Erzählungen, Romanen oder Gedichten immer seine Fantasiekräfte, stärkt gewissermaßen die «Muskulatur der Kreativität», während diese innere Aktivität und Schaffenskraft durch die vorgegebene Rhetorik der Filmbilder nicht oder nur eingeschränkt provoziert wird. Solche Erfahrungen machen den inzwischen vielfach wiederholten Forschungsbefund verständlich, dass Kinder, die im Schnitt mehr als drei Stunden täglich fernsehen, häufiger reduzierte Fantasie- bzw. Kreativitätsfähigkeiten zeigen. Das gilt ausgeprägter beim häufigen Konsum von Unterhaltungssendungen, eher seltener oder überhaupt nicht bei der Bevorzugung von Informationssendungen.

Solche Selbstbeobachtungen, Berichte und Forschungsergebnisse machen deutlich, wie wichtig es ist, im Interesse einer gedeihlichen Entwicklung der seelischen, emotionalen und geistigen Entwicklung unserer Kinder wachsam und urteilsfähig im Hinblick auf den modernen Medienbetrieb zu werden. Was lesen Kinder und Jugendliche heute in Zeitschriften wie *Yam* oder *Bravo*, in *Harry-Potter-* oder Astrid-Lindgren-Romanen? Welche Comics sind bei ihnen beliebt? Wie häufig sehen Kinder fern, was sehen sie bevorzugt und welche Auswirkungen hat das auf ihre Entwicklung?

Hier ist eine differenzierte und pädagogisch aufgeklärte Betrachtung erforderlich, keine pauschale Medienschelte nach dem Motto «Schafft das Fernsehen ab!» Genau diesem Ansatz folgt Andreas Neiders Darstellung einer «Medienbalance» im Alltag von Kindern und Jugendlichen. Er verbindet in anschaulicher und pädagogisch feinfühliger Weise Forschungsergebnisse, menschenkundliche Überlegungen und genaue Betrachtungen medialer Phänomene mit praktischen Handlungsanweisungen für Eltern, Erzieherinnen und Erzieher.

Verglichen mit den inzwischen sehr zahlreichen medienpädagogischen Ratgebern stellt *Medienbalance* ein neuartiges Betrachtungs- und Handlungsprinzip dar. Ich kenne kein anderes Werk zu diesem Thema, das *vier fundamentale Prinzipien der Medienanalyse* so schlüssig miteinander verbindet: die differenzierte Beurteilung der Medien im Hinblick auf den jeweiligen Entwicklungsstand des Kindes, also die *entwicklungspsychologische Perspektive*, die *menschenkundliche Perspektive* (wie wirken die modernen Massenmedien auf unser Denken, Fühlen und auf unsere Willensfähigkeiten), die *Bilanzierung des Alltags nach aktivierenden Tätigkeiten auf der einen und nach eher passiven Erlebnissen auf der anderen Seite* und schließlich die Beachtung *medienpsychologischer Erkenntnisse*. Wenn wir Heranwachsenden dabei helfen wollen, dass sie die heute vielbeschworene «Medienkompetenz» entwickeln, d. h. einen bewussten, maßvollen und ihre eigenen Bildungschancen nicht einschränkenden Umgang insbesondere mit den Bildschirm-Medien einüben können, dann bietet das Konzept der *Medienbalance* einen sehr hilfreichen Orientierungsrahmen für dieses Bestreben.

Kassel, Januar 2008   *Prof. Dr. Christian Rittelmeyer*

Auftakt

Wenn es darum geht, eine Aufgabe in Angriff zu nehmen, zu deren Bewältigung Mut und Kraft erforderlich sind, dann ist man froh, wenn es jemanden gibt, der einem Mut machen kann. Darum soll es in diesem Medienratgeber gehen. Denn Balance oder Gleichgewicht im Umgang mit Medien herzustellen erfordert Kraft und Entschlossenheit, besonders wenn zuvor Ungleichgewicht herrscht.

Es ist immer leichter, ein solches Ungleichgewicht – in diesem Falle einen unausgewogenen Medienkonsum von Kindern und Jugendlichen – einfach hinzunehmen, darüber hinwegzusehen oder einfach damit zu leben. Dort aber, wo es letztlich um die Entwicklung und Gesundheit unserer Kinder geht, wo wir es selbst in der Hand haben, ob diese Entwicklung gesund und glücklich verläuft, bleibt uns eigentlich fast nichts anderes übrig, als wenigstens zu versuchen, das Gleichgewicht, von dem in diesem Ratgeber die Rede sein wird, zu finden und die Kinder im richtigen Umgang mit den Medien zu unterstützen.

Wenn man Kräfte aufbauen will, ist das zunächst immer eine anstrengende Sache, besonders in Erziehungsfragen. Das ist schon im Umgang mit dem eigenen Körper sehr deutlich erfahrbar: Will man einen hohen Berg einfach so besteigen, wird man beim ersten Mal noch Mühe haben, überhaupt hinaufzukommen. Beim zweiten Mal wird es schon besser gelingen, und irgendwann geht es dann fast wie von selbst, weil sich durch die immer wieder unternommene Anstrengung neue Kräfte gebildet haben.

Und so wird auch jede erzieherische Anstrengung, bei der Sie, liebe Mütter, Väter, Großmütter und Großväter viel zu selten und viel zu wenig wahrgenommen und unterstützt werden und viel zu selten Dank erfahren, schlussendlich belohnt.

Deshalb sollen Ihnen diese Worte des Auftaktes einfach Mut machen, immer wieder zu versuchen, das Abenteuer Erziehung in der uns umgebenden Medienwelt zu wagen und sich der Aufgabe einer «Medienbalance», wie sie im Folgenden entwickelt wird, zu stellen. Am meisten werden es Ihnen am Ende Ihre Kinder danken, denn um ihre gesunde Entwicklung geht es dabei.

Um Sie bei der Beschäftigung mit den Medien Ihrer Kinder mit möglichst hilfreichen Informationen zu unterstützen, sind dem Text zahlreiche Anmerkungen mit weiterführenden Hinweisen, Literaturangaben, Internetverweisen etc. beigegeben. Auf ein separates Literaturverzeichnis wurde deshalb verzichtet.

Für die freundliche Unterstützung beim Gegenlesen des Manuskriptes möchte ich mich bei meiner Schwester Nicola, bei Arndt Bay, dem erfahrenen Musikpädagogen, für wertvolle Hinweise, den zahlreichen Zuhörern meiner Vorträge und Seminare für kritische Fragen und Ergänzungen sowie bei Christian Rittelmeyer für die Bereitschaft, ein Vorwort beizusteuern, und bei Eckehard Schiffer für seine Beurteilung zu diesem Buch bedanken. Ohne sie alle hätte ich dieses Buch nicht so anschaulich schreiben können, wie ich es versucht habe.

Weil im Schönbuch, im Dezember 2007   *Andreas Neider*

Eltern und
Kinder im
«Dschungel»
der Medienwelt

«Eine Jugend im Bann der Unterhaltungsindustrie» lautete
jüngst der Titel eines längeren Beitrags der *Stuttgarter Zeitung*
über das Medienverhalten Stuttgarter Schüler. Die Zeitung hatte
mehrere Jungendliche aufgefordert, über mehrere Tage hinweg
ein Medientagebuch zu führen. Dabei konnten die Jugendlichen
nun selbst anhand ihrer Aufzeichnungen feststellen, wie viel
Zeit sie täglich mit welchen Medien zubringen: «Der Samstag ist
für die 15-jährige Shnyar aus der Stuttgarter Rosensteinschule
ein Rekordtag gewesen. Morgens telefonierte das Mädchen stundenlang mit ihren Freundinnen, nebenbei tippte sie in rasender
Geschwindigkeit ein paar SMS-Botschaften in ihr Handy und
hörte anschließend auf dem MP3-Player ihre Lieblingsmusik.
Nachmittags ließ sie sich vor dem Fernseher berieseln und sah
zunächst die neueste Show eines Musiksenders. Abends brach-
te sie sich bei einer ihrer TV-Lieblingsserien auf den neuesten
Stand. Als Shnyar am nächsten Tag zusammenrechnete, wie viel
Zeit sie mit Medien aller Art verbracht hatte, kam sie auf eine
stolze Summe von 14 Stunden.» Angesichts solcher Auswüchse
fragen sich viele Eltern natürlich, was sie tun können, um einem
extensiven Medienkonsum ihrer Kinder entgegenzuwirken.

Wie unlängst in einer Titelgeschichte des *Spiegel* (20/07) zu
lesen war und wie mir selbst aus Gesprächen und Seminaren
bekannt ist, herrschen bei vielen Eltern Unsicherheit und Be-
ratungsbedarf im Hinblick auf die Mediennutzung ihrer Kinder.
Immer mehr Eltern in unserer Gesellschaft fühlen sich hilflos,
wenn sie sich fragen, ob sie ihre Kinder schon früh fernsehen
oder Spiele auf dem Computer spielen lassen sollen. Sie sind
unsicher im Hinblick auf das richtige Alter der Kinder, auf die
Zeiten der Nutzung und die richtige Auswahl der Medien.

Was soll man von den «Teletubbies» oder der Zeichentrickserie
«Dragonball Z» halten oder von Computerspielen wie «LolliPop
und die Schlaumäuse», «Lego-Starwars» oder «Der Herr der Ringe
online»? Wie soll man das dauernde Tragen der Ohrstöpsel eines
MP3-Players beurteilen – kann das gesund sein, wenn ein Kind

sich dauernd von Musik berieseln lässt? Besonders heikel wird es, wenn Gewalt ins Spiel kommt, die sowohl im Fernsehen wie bei den Computerspielen in jeglicher Form allgegenwärtig ist. Auch die Gefahren des Internets, Aufenthalte in fragwürdigen Chatrooms, Webseiten mit jugendgefährdenden Inhalten etc. verunsichern die Eltern. Die ungeheure Programmvielfalt und Grenzenlosigkeit der Medienwelt ist es, die viele Eltern überfordert. Überall tauchen hier Fragen nach den Grenzen des Tolerierbaren auf, und diese werden dann häufig auch benannt in Form von zeitlichen Angaben, wie lange in welchem Alter Kinder nun fernsehen, am Computer sitzen sollten etc.[1] [*] Aber ist es damit getan?

Es gibt zu diesen Fragen bereits zahlreiche Ratgeber von sogenannten «Medienpädagogen», die sich häufig aber eher wie Werbebroschüren der Medienindustrie lesen, da sie sich vornehmlich auf die Auswahl der Medien beschränken.[2] Hier wird praktisch nur auf das «Was» geschaut, weniger auf die Frage, «wie» die Medien wirken und was es denn für Alternativen zur Medienwelt gibt.

Nur nach den Inhalten fragen?

Gerade beim Studium solcher Medienratgeber gewinnt man häufig den Eindruck, es gäbe außerhalb der Medienwelt überhaupt nichts anderes mehr, womit sich Kinder oder Jugendliche heute beschäftigen könnten.

Die Medienwelt hat die starke Tendenz, sich permanent selbst zu reproduzieren, und das Bestreben, dass niemand aus ihrem Kreislauf herausfällt. Zu dieser Selbstreproduktion gehört die permanente Animation derjenigen, die den Kreislauf durch ihren Medienkonsum am Laufen halten sollen.

Die Medienwelt will sich selbst reproduzieren

Mit diesem Ratgeber zu einer «Medienbalance» sollen die verschiedenen Medien im Hinblick auf ihre Wirkung und ihren Nutzen für die Kinder kritisch betrachtet und im Umfeld möglicher Alternativen neu bewertet werden.

---

[*] Die Anmerkungen finden sich auf S. 140 ff., sie enthalten z. T. wertvolle Ergänzungen und Hinweise auf weiterführende Literatur.

Ein erster Überblick

Ein Blick auf die Mediennutzung

Werfen wir zunächst einmal einen Blick auf die Mediennutzung der Kinder und Jugendlichen, wie sie sich aus den jährlichen Studien des Medienpädagogischen Forschungsverbundes Südwest (www.mpfs.de) ergibt. Die sogenannte KIM-Studie (Daten aus 2006) untersucht dabei das Mediennutzungsverhalten von Kindern im Alter von sechs bis dreizehn Jahren, die JIM-Studie (Daten aus 2007) untersucht entsprechend Jugendliche im Alter von zwölf bis neunzehn Jahren.

Hier sieht man in der Gruppe der Sechs- bis Dreizehnjährigen (s. S. 21), wie das Fernsehen an der Spitze sämtliche, also auch die nichtmedialen Freizeitaktivitäten dominiert, an zweiter Stelle rangieren die Musikmedien, dann folgen Videos und Hörspielkassetten, und erst danach erscheint mit ziemlichem Abstand das Lesen von Büchern. Interessant immerhin, dass in dieser Altersgruppe die Computerspiele noch hinter den Büchern rangieren.

Auf das Fernsehen kann kaum ein Kind verzichten

Schauen wir uns aber die Frage an, auf welches Medium diese Altersgruppe am ehesten verzichten könnte, dann sieht die Sache schon anders aus (s. S. 22): Hier erscheinen die Musikmedien als diejenigen Medien, auf die am ehesten verzichtet werden kann, Bücher liegen immerhin noch davor, aber auf den Fernseher können zwei Drittel der Kinder nicht verzichten und auf den Computer immerhin bereits auch ein Fünftel nicht mehr.

Die absolute Dominanz des Mediums Fernsehen in dieser Altersgruppe ist also nicht zu übersehen.

Medienpräferenzen von Jugendlichen

Betrachten wir nun die Jugendlichen zwischen zwölf und neunzehn Jahren (s. S. 23). Leider erlaubt die Befragung hier keinen direkten Vergleich mit der oben angegebenen Befragung nach den Freizeitaktivitäten insgesamt. Wir schauen deshalb zunächst nur auf die Medienpräferenzen: Auch hier liegt das Fernsehen unangefochten an der Spitze, dicht gefolgt vom Computer, der sich in diesem Alter mehr und mehr nach vorne drängt

20

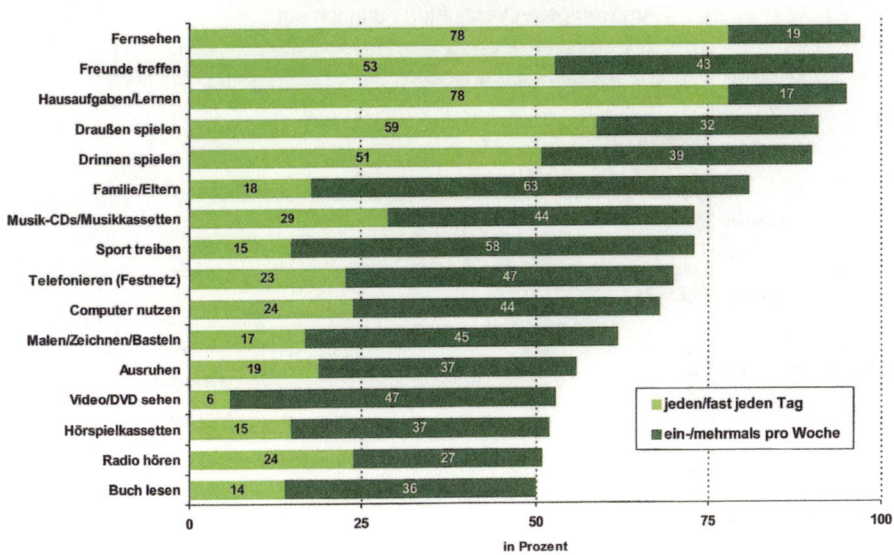

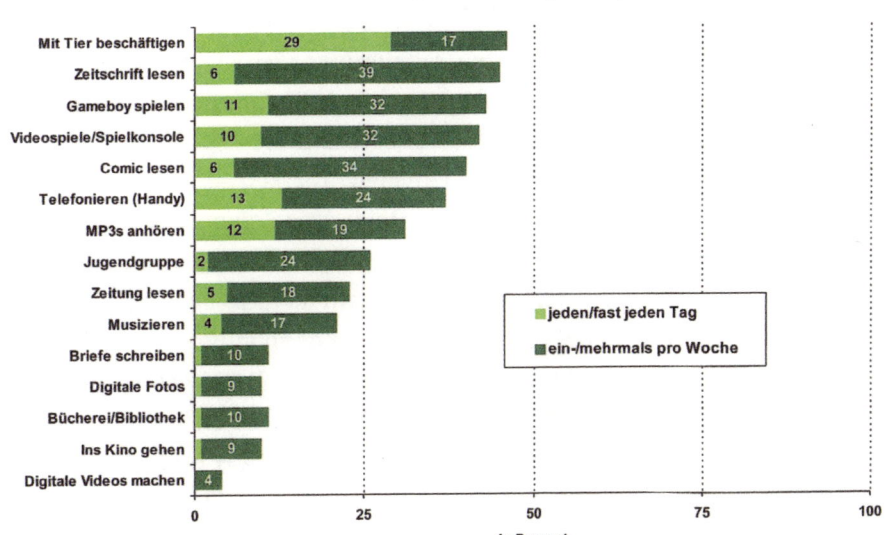

KIM-Studie 2006: Mediennutzung von Kindern zwischen sechs und dreizehn Jahren.

21

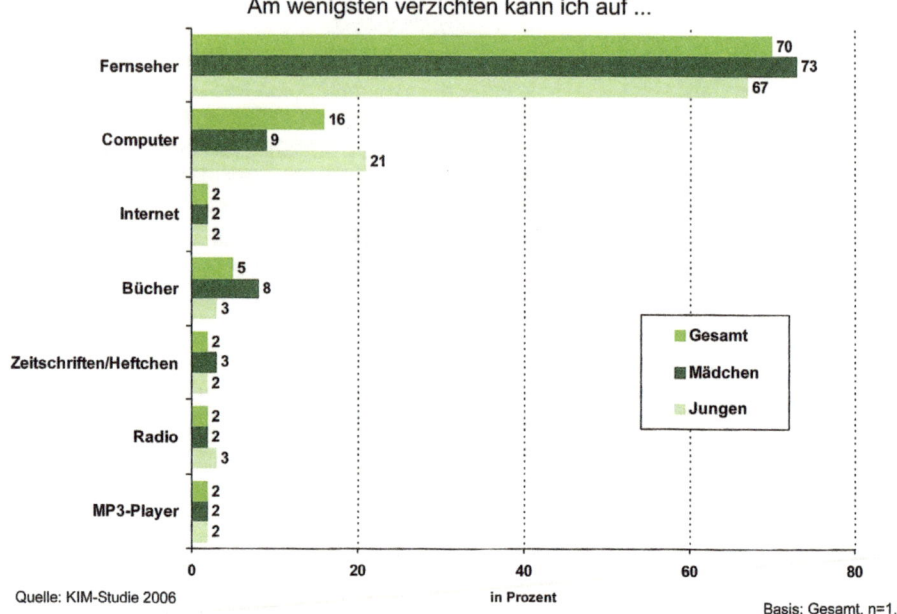

Medienbindung 2006
Am wenigsten verzichten kann ich auf ...

Fernseher	70 / 73 / 67
Computer	16 / 9 / 21
Internet	2 / 2 / 2
Bücher	5 / 8 / 3
Zeitschriften/Heftchen	2 / 3 / 2
Radio	2 / 2 / 3
MP3-Player	2 / 2 / 2

Legende: ■ Gesamt ■ Mädchen ■ Jungen

Quelle: KIM-Studie 2006 — in Prozent — Basis: Gesamt, n=1.2(

(noch vor wenigen Jahren rangierte er viel weiter hinten). An dritter Stelle stehen die Musikmedien; Bücher liegen immerhin noch im Mittelfeld.

Der Computer – das Medium der Jugendlichen

Und wie sieht es mit der Unverzichtbarkeit aus? Hier steht der Computer eindeutig an erster Stelle. Das Lesen taucht dagegen am Ende der Präferenzliste auf. Dass der Computer in Zukunft also für beide Altersgruppen mehr und mehr zu *dem* Leitmedium schlechthin werden wird, steht weitgehend außer Frage.

Mobile Geräte sind auf dem Vormarsch

Die zurzeit aktuelle Entwicklung mobiler Geräte, die alle Medien, also Film, Musik, Computer und Internet, in sich vereinigen, wobei diese Geräte dann auch noch Handy und Kamera beinhalten, wird den Trend zusätzlich verstärken. Denn ein mobiler Computer kann über den heimischen Computer und das Internet mit jeglichen Medieninhalten gefüttert werden, sodass man auf diese Medien praktisch nirgends mehr verzichten muss.

Aber auch im stationären Bereich geht der Trend eindeutig

22

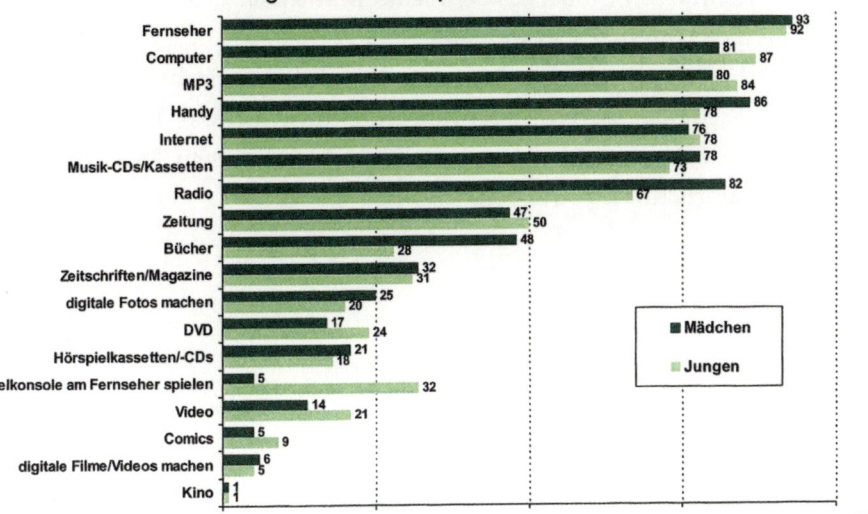

Medienbeschäftigung in der Freizeit 2007
- täglich/mehrmals pro Woche -

	Mädchen	Jungen
Fernseher	93	92
Computer	81	87
MP3	80	84
Handy	86	78
Internet	76	78
Musik-CDs/Kassetten	78	73
Radio	82	67
Zeitung	47	50
Bücher	48	28
Zeitschriften/Magazine	32	31
digitale Fotos machen	25	20
DVD	17	24
Hörspielkassetten/-CDs	21	18
Spielkonsole am Fernseher spielen	5	32
Video	14	21
Comics	5	9
digitale Filme/Videos machen	6	5
Kino	1	1

Quelle: JIM 2007, Angaben in Prozent

Basis: alle Befragten, n=1.204

Bindung an Medien 2007
Am wenigsten verzichten kann ich auf...

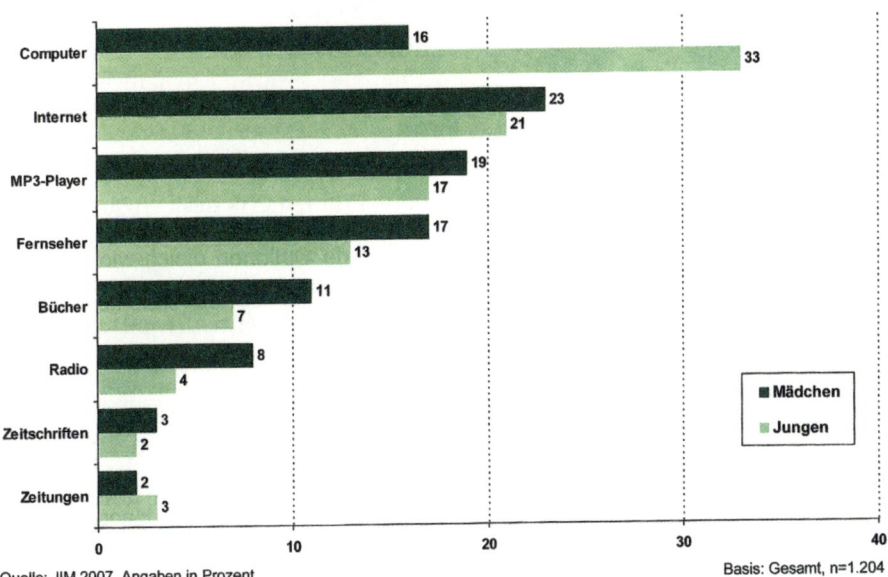

	Mädchen	Jungen
Computer	16	33
Internet	23	21
MP3-Player	19	17
Fernseher	17	13
Bücher	11	7
Radio	8	4
Zeitschriften	3	2
Zeitungen	2	3

Quelle: JIM 2007, Angaben in Prozent

Basis: Gesamt, n=1.204

JIM-Studie 2007: Medienbeschäftigung und Medienbindung von Jugendlichen zwischen zwölf und neunzehn Jahren.

23

in die Richtung, dass die elektronischen Medien immer mehr verschmelzen, wobei das Leitmedium, wie gesagt, der Computer und das Internet sein werden.

Diese Entwicklung, die erst an ihrem Anfang steht, wird uns im Weiteren noch beschäftigen. Und da viele Eltern hier besonders stark verunsichert sind, werden wir uns diesem Thema am ausführlichsten zuwenden.

Ein neuer Begriff von «Medienkompetenz» und «Literacy»

Medien- und Freizeit- aktivitäten

Schauen wir uns die Medienlandschaft, die Kindern und Jugendlichen heute zur Verfügung steht, einmal genauer an und versuchen, sie etwas zu ordnen. Dabei werde ich gleichzeitig nach anderen Freizeitaktivitäten Ausschau halten, die mit dem jeweiligen Medium in einem bestimmten Verhältnis stehen. Wir werden später noch sehen, warum. Mit dieser Art der Betrachtung versuche ich, die bisherigen Konzepte der Medienpädagogik zu erweitern.

Der Begriff der Medien- kompetenz

In der vorhandenen Literatur und der medienpädagogischen Arbeit fasst man die hier beschriebene Problematik des Umgangs von Kindern mit den Medien unter dem Schlagwort der «Medienkompetenz» zusammen.[3] Darunter wird verstanden, dass Kinder lernen, mit den einzelnen Medien richtig und verantwortungsvoll umzugehen, vor allem aber auch, sie technisch zu beherrschen. Insbesondere für den Computer wird dabei häufig ein Szenario entwickelt, das an der Realität der kindlichen Fähigkeiten vollkommen vorbeigeht. Denn Kindern bereitet es, wie viele Eltern wissen, überhaupt keine Schwierigkeiten, die elektronischen Medien technisch zu beherrschen. Deren Wirkungen aber richtig einzuschätzen und für den jeweils betroffenen seelischen Bereich (siehe unten, Seite 30) des Denkens oder Vorstellens, und des Fühlens und des Wollens zu überschauen, inwiefern sie sich hier noch in einem seelischen Gleichgewicht befinden, ist ihnen naturgemäß noch nicht möglich. Die Rede von der «Medienkompetenz» ist daher einseitig fixiert auf die Medien selbst und verkennt häufig deren eigentliche Wirksamkeit, nämlich die generell passiv konsumierende Haltung, die Kinder (aber natürlich auch die Erwachsenen) ihnen gegenüber einnehmen *müssen*.

So ist es auch erstaunlich, dass gerade die «Stiftung Lesen» die Ausnahmestellung des Mediums Buch nicht wirklich ernst nimmt und das Buch den übrigen Medien gleichsetzt oder sogar unterordnet.[4] Diese Art von Medienpädagogik entspringt letztlich der Einstellung, es gehe bei jeglicher Erziehung nur darum, die Kinder den gegebenen Verhältnissen anzupassen. Hartmut von Hentig sieht daher in ihr «ein Synonym für Abrichtung auf ein zu hoher Macht und Wirksamkeit gediehenes Gerät».[5]

Das Buch –
ein Medium
wie jedes andere

Neal Postman formuliert sehr deutlich: «Mit Medienkompetenz meine ich nicht, habe nie gemeint und hoffe, niemand anders vertritt diese Meinung, dass es lediglich darum gehe, Kindern beizubringen, wie sie einen Computer nutzen können.»[6]

«Medienkompetenz» in dem hier vertretenen Sinne bedeutet, dass man die Fähigkeit erwirbt, zu jedem Medium, ob Fernsehen, MP3-Player, Computer oder Internet, die letztlich immer zu einer passiven Seelenhaltung führen, das entsprechende Gegengewicht auf der aktiven Seite durch nicht an Medien gebundene Aktivitäten auszubilden und zu pflegen. Deshalb sprechen wir in diesem Buch nicht von «Medienkompetenz», sondern von Medienbalance.

Medienbalance
anstelle von
Medienkompetenz

Die Medienpädagogik unterscheidet aber auch die Qualität und die Art der Wirksamkeit der einzelnen Medien kaum, wie die obigen Abbildungen (S. 21 – 23) zeigen; Medium ist hier einfach gleich Medium. Eine solche undifferenzierte Betrachtungsweise werden wir in diesem Buch zu überwinden versuchen.

Ein zweites Konzept der Medienpädagogik, das aus den USA

stammt, wird unter dem Begriff «Literacy» zusammengefasst.[7]
Hier wurde immerhin erkannt, wie wichtig das Medium Buch in
allen seinen Erscheinungsformen für die Entwicklung der Kinder
im Hinblick auf die Fähigkeiten des Spracherwerbs, also kom-
munikativer, aber auch sozialer Kompetenzen, ist, die hier zur
reinen «Medienkompetenz» hinzukommen.

Bildhaft betrachtet sähe dieses Konzept dann so aus:

Tätigkeit	kulturelle Fähigkeiten
Der Umgang mit Literatur vom Vorlesen bis hin zum selbstständigen Lesen und Schreiben führt zu folgenden kulturellen Fähigkeiten (siehe rechte Spalte):	– visuell: Lesen von Bildern, Zeichen, Schildern – literarisch: Vertrautwerden mit Büchern – medial: Umgang mit Medien (Fernsehen, Computer, Radio)

Wie man hier sehen kann, wird dem Umgang mit Literatur also
ein gewisser Vorrang eingeräumt, auf den sich auch unser Konzept
der «Medienbalance» abstützt. In unserer Betrachtung werden wir
aber noch weiter differenzieren, um zu der von uns angestrebten
Balance tatsächlich hinzuführen. Dazu hier noch ein Schema, das
bereits auf das im Folgenden Dargestellte vorausgreift.

Medienpädagogisches Konzept der «Literacy»:

seelischer Bereich	aktiv	passiv
Denken, Vorstellen	Buch lesen	fernsehen
Empfindungsvermögen, Fühlen	?	MP3-Player oder Radio hören
Wollen, Handeln	?	Computerspiele

26

Die Tabelle zeigt, dass wir die verschiedenen Medien den seelischen Bereichen des Menschen zuordnen können – warum und wie, werden wir gleich erläutern. Und wir können unterscheiden zwischen «aktiven» und «passiven» Tätigkeiten, die wir jeweils einander gegenüberstellen. In dieser Übersicht kann man sehen, dass das Konzept der «Literacy» zwar schon weiterführt als das der «Medienkompetenz», es tauchen aber auch zwei Fragezeichen auf, das heißt, dass hier etwas dem Lesen Entsprechendes auf den Ebenen des Fühlens und des Wollens fehlt. Wie wir dazu kommen, werden wir ebenfalls gleich noch betrachten.

Am Anfang war das Buch

Betrachten wir die Medien im Überblick, so sind da zunächst einmal die Bücher – Bilderbücher für die Kleinen, Kinder- und Jugendbücher für die Schulkinder. Warum sie hier zuerst genannt werden, hat zunächst einmal den Grund, dass Buch und Schrift das erste Medium in der Kulturgeschichte der Menschheit überhaupt waren; danach kam lange erst einmal gar nichts. Wir werden sehen, dass das in der individuellen Entwicklung des einzelnen Menschen durchaus eine Parallele finden kann.

Buch und Schrift – das erste Medium der Geschichte

Als Nächstes folgt das heute allgegenwärtige Fernsehen, das auch als Bildschirmmedium bezeichnet wird, aber nicht mit dem Computerbildschirm, der ein ganz anderes Medium darstellt, verwechselt werden sollte. Auf der Ebene der Kulturentwicklung der Medien findet sich parallel dazu die Erfindung und technische Nutzung des Cinematografen.

Das Fernsehen stelle ich in unserer Betrachtung nun dem Medium Buch gegenüber – warum? Ebenso wie das Buch erzählt das Medium Fernsehen Geschichten, führt Bilder vor, nur dass diese, anders als beim Buch, von außen kommen und nicht vom Kind selbst gebildet werden müssen. Wir werden auf diesen Ge-

Eine erste Gegenüberstellung von Buch und Fernsehen

gensatz im nächsten Kapitel näher eingehen, können hier aber schon einmal festhalten, dass beide Medien, Buch und Fernsehen, das *Vorstellungsvermögen* und den *Nerven-Sinnes-Bereich* des Kindes stark ansprechen – mit einem entscheidenden Unterschied: Beim einen Mal wird Aktivität verlangt, beim anderen Mal bleibt das Kind passiv.

Anstelle des Lesens können auch andere Tätigkeiten treten, zum Beispiel das Lösen von Rätseln, aber auch bestimmte Aktivitäten in der freien Natur wie das Beobachten des Sternenhimmels.

Eine wichtige Unterscheidung: Aktivität oder Passivität

Gehen wir einen Schritt weiter. Auf einer nächsten Ebene, nämlich der der *Gefühle*, findet sich das heute am weitesten verbreitete Medium überhaupt, wenn man vom Gerätebesitz der Kinder und Jugendlichen ausgeht: der MP3-Player (oder früher der CD-Spieler oder Kassettenrecorder), mit dem überwiegend Musik gehört wird. Dieses Medium ist ungefähr gleich alt wie das Bildmedium Fernsehen bzw. Kino. Auch hierbei bleibt das Kind oder der Jugendliche vollkommen passiv, vertieft sich aber unter Verwendung der allseits beliebten kleinen Kopfhörer so sehr in das Medium, dass von der Umgebung oft nichts mehr wahrgenommen wird. Die heute allgegenwärtigen mobilen Abspielgeräte machen Musik zu jeder Zeit und an jedem Ort – praktisch rund um die Uhr, vom Radiowecker bis zum «Gute-Nacht-Lied» – verfügbar.

Musik kann man auch selber machen

Diesem passiven Medienkonsum in Form der MP3-Player kann aber ein aktives Element entgegengesetzt werden (ähnlich wie wir das auf der Ebene des Vorstellens mit Fernsehen und Buch gemacht haben), nämlich wenn das Kind selber Musik macht: ein Instrument lernt, im Chor singt oder in einem Orchester, einer Musikgruppe oder Ähnlichem mitwirkt.

Musik ist ihrem Wesen nach eine vergängliche Kunst, das heißt, sie lebt eigentlich immer nur in dem Augenblick, in dem sie hervorgebracht wird, dann verschwindet sie wieder. Gerade deshalb aber stellt die Allgegenwärtigkeit der Musikmedien eine noch genauer zu untersuchende Täuschung dar.

An die Stelle des Musizierens können, weil sie dem Bereich des Fühlens entsprechen, aber auch andere künstlerische Aktivitäten oder Beobachtungen in der freien Natur, zum Beispiel Vogelstimmen-Exkursionen, treten.

Als drittes Medium, das nun mehr den *Willen* anspricht, müssen wir die Computerspiele (Games), entweder auf einem PC, einer Spielkonsole oder einem mobilen Gerät, betrachten. Sie stellen die jüngste Entwicklung in der Medienlandschaft dar. Bei ihnen scheint die Passivität endlich überwunden zu sein, kann sich der Spieler doch jederzeit in den Spielverlauf einbringen. Aber Vorsicht – auch hier ist die Passivität ein wesentliches Element, nämlich da, wo es um den emotionalen Bereich geht. Denn auf der Gefühlsebene spielt sich, wie wir noch sehen werden, nichts ab. Davon abgesehen bleibt der Mediennutzer bei Computerspielen auch körperlich passiv. *Computer sind schneller, aber trotzdem unbeweglich*

Nun scheinen zwar durch das Medium des Internets der Computer und das Computerspiel zu einer sozialen Angelegenheit zu werden, denn zweifelsohne verbinden die Computer Menschen miteinander, man kann sich per E-Mail austauschen, kann in Chatrooms mit anderen tratschen und in den Games gegeneinander oder miteinander kämpfen. Doch welche Form des sozialen Miteinanders wird hier tatsächlich gepflegt? Dieser Frage werden wir im entsprechenden Kapitel ebenfalls nachgehen. *Sind Computer sozial?*

Wirklich aktiv mit dem Willen und mit entsprechenden Gefühlen kann das Kind oder der Jugendliche aber auf jeden Fall im freien Spiel mit Freunden umgehen, besonders auch im sportlichen Spiel, in dem die körperliche Bewegung gefragt ist, oder in jeglicher sozialen Aktivität. Eine der schönsten spielerisch sozialen Aktivitäten ist das Theaterspiel. In der freien Natur ergibt sich das Abenteuerspiel im Sinne der Erlebnispädagogik, die gemeinsame Segeltour usw. Auch dazu mehr im Kapitel weiter unten. So haben wir auch auf der Ebene des Wollens den passiven Computerspielen aktive Elemente gegenübergestellt. *Virtuelles und reales Spiel*

In einer ersten Übersicht würde eine Medienbalance dann so aussehen (und das dargestellte medienpädagogische Konzept der «Literacy» von S. 26 ergänzen):

seelischer Bereich	aktiv	passiv
Denken, Vorstellen Fantasie, Gedächtnis	lesen Rätsel raten Sternenhimmel beobachten	fernsehen
Empfindungsvermögen, Fühlen	musizieren singen Vogelstimmen hören	MP3-Player hören
Wollen, Handeln	sportliches Spiel Theaterspiel Segeltour	Computerspiele

Medien und die verschiedenen seelischen Bereiche

Die hier getroffene Unterscheidung der einzelnen Medien und ihre Zuordnung zu den drei seelischen Bereichen des *Denkens und Vorstellens*, des *Fühlens* und des *Wollens* bildet die Grundlage für die nun folgende *Medienbilanz*. Denn nur, wenn wir die hier getroffene Unterscheidung der einzelnen Medien im Auge behalten, lässt sich das Folgende auch wirklich nachvollziehen.

Sie sind der Unternehmer – machen Sie eine Medienbilanz!

Nun möchte ich für unsere weitere Betrachtung der Mediennutzung von Kindern und Jugendlichen einen Vorschlag machen: Stellen Sie sich vor, Sie seien ein Unternehmer und müssten über Aktiva (Vermögen) und Passiva (Verbindlichkeiten, Schulden) Ihres Unternehmens eine Bilanz erstellen. Stellen Sie sich weiterhin vor, die Freizeitaktivitäten Ihrer Kinder seien die Tätigkeiten des Unternehmens, bei dem es darum geht, jedem Passivposten einen Aktivposten gegenüberzustellen, um beide Seiten ins Gleichgewicht zu bringen. *Das heißt, es geht um die Aufgabe, mithilfe einer solchen Medienbilanz die Medienbalance herzustellen.*

Und für diese Aufgabe sind Mut und Entschlossenheit erforderlich, für die in manchem Falle die Kräfte zu fehlen scheinen.[8] Deshalb müssen wir uns hierbei immer wieder sagen: Auch wenn uns zunächst manchmal die Puste ausgeht und wir geneigt sind, einfach aufzugeben, am Ende werden sich die Anstrengungen gelohnt haben, und sowohl unsere Kinder als auch wir selbst werden durch die Medienbalance gestärkt sein.

Wenn Sie Ihren Kindern eine gesunde Zukunft ermöglichen wollen, werden Sie um eine solche Medienbilanz, die zu einer gesunden Medienbalance für ihre Kinder führen kann, nicht herumkommen. Das ist jedenfalls meine Überzeugung.

Von der Medienbilanz zur Medienbalance

Warum bestimmte Medien und Freizeitaktivitäten unserer Kinder nun auf der Aktivseite, andere aber auf der Passivseite dieser Bilanz stehen, soll hier deutlich gemacht werden, und ich hoffe, dass Sie am Ende selber ein gewisses «kaufmännisches» Gefühl für eine solche Art der Bilanzierung gewonnen haben. Es ist dabei jedoch unumgänglich, dass Sie sich als Unternehmer mit den Medien beschäftigen und sie wie ein «Wirtschaftsprüfer» selber «prüfen». Was heißt das?

Die Qualität und die Art der Wirksamkeit eines Mediums wie dem Fernsehen oder dem Computer können Sie am besten an sich selbst überprüfen, indem Sie sich fragen: *Was macht das Medium mit mir?* Sich diese Frage zu stellen weckt bereits die Fähigkeit der *Selbstbeobachtung*, die jeder Mensch in sich trägt.

Selber prüfen!

Wer stundenlang am Bildschirm ein Computerspiel (Game) spielt, der fühlt sich hinterher anders als vorher. Fragen Sie sich: «Wie habe ich mich vorher gefühlt, wie fühle ich mich hinterher, wie habe ich mich während des Spiels gefühlt?» Auf diese Frage werden Sie beim ersten Mal vielleicht noch keine Antwort finden – aber nicht aufgeben! Die Antwort kommt irgendwann, wenn Sie nur intensiv genug die Frage bewegen. Und das gilt natürlich für alle Medien.

Selbstbeob-
achtung kann
man lernen
Die Schwierigkeit der Selbstbeobachtung liegt bei den Medien lediglich darin, dass sie allesamt die Tendenz haben, uns passiv werden zu lassen (mit Ausnahme des Buches, wie wir im nächsten Kapitel sehen werden). Am deutlichsten ist das beim Fernsehen, das uns ja sogar äußerlich einschläfert, aber auch die Musik aus der Konserve hat etwas Einlullendes an sich, wie man schon nach kurzer Zeit feststellen kann, und am Computer führt die Starrheit des Benutzers am Bildschirm mindestens in den Gliedmaßen zu einer weitgehenden Bewegungslosigkeit.

Sich dabei nun wach zu beobachten erfordert also schon eine gewisse Aktivität, die der Erwachsene jedoch leichter aufbringt als das Kind. Von ihm können wir diese «Selbstkritik» noch nicht erwarten; umso kritischer sollten wir deshalb selbst die Wirksamkeit der Medien im Auge behalten.

Gefühle
können
viel aussagen
Und sagen Sie nicht: «Meine Gefühle können mich täuschen, sie sind ja nur subjektiv!» Das ist mitnichten der Fall. Besonders Mütter wissen, dass sie sich bei gewissen Dingen auf ihr Gefühl verlassen können, insbesondere wenn es ihre Kinder betrifft, und um die geht es ja hierbei. Die Aussage oder Antwort, die sich mir auf meine Frage «Was macht das Medium mit mir?» ergibt, kann dann als Ergebnis meiner «Prüfung» in die Bilanzierung der Mediennutzung meiner Kinder mit eingehen.

Das Entscheidende bei dieser Prüfung, die Sie letztlich auf alle Freizeitbeschäftigungen Ihrer Kinder ausdehnen sollten, ist die jeweilige Fragestellung:

1. Auf welcher Ebene des Seelischen findet eine bestimmte Beschäftigung statt?
2. Handelt es sich bei dieser Beschäftigung der Kinder und Jugendlichen um eine Tätigkeit, die echte Aktivität verlangt, oder bleiben sie dabei doch nur passiv, selbst wenn es vordergründig lebhaft zugeht?

32

Wie sich an dieser Übersicht (s. S. 30) ablesen lässt, können wir also die verschiedenen Medien bestimmten seelischen Bereichen, um die es ja letztlich im Hinblick auf die Aktivität bzw. Passivität geht, zuordnen und sie dementsprechend wie Aktiva (Vermögen) und Passiva (Verbindlichkeiten, Schulden) unseres Unternehmens betrachten. Nachdem diese Art der Bilanzerstellung hier näher erläutert worden ist, können wir uns die Tabelle von S. 30 noch einmal vor Augen führen. Wir verstehen nun, wie sie aufgebaut ist und können im Einzelfall damit arbeiten.

Eine solche Art der Bilanzierung lässt sich aber natürlich nicht abstrakt vollziehen, sondern immer nur vor dem Hintergrund desjenigen Kindes oder Jugendlichen, mit dem wir es zu tun haben. Dabei kommt es darauf an, die vorgegebene Veranlagung zu berücksichtigen. *Keine abstrakte Bilanz*

Ist ein Kind oder Jugendlicher z.B. eher extrovertiert veranlagt und kann sich dementsprechend im Sozialen leicht einbringen, wird ihn das Spielen am Computer weniger beeinträchtigen als einen Jungen, der sowieso schon in sich verschlossen und eigenbrötlerisch ist. Ein fantasiereiches und lesehungriges Mädchen wird durch häufigeres Fernsehen weniger abstumpfen als ein Kind, das eher passiv ist, vor sich hinbrütet und es intellektuell schwer hat, eigene Vorstellungen zu entwickeln.

Wir werden später noch sehen, dass es wichtiger ist, die Mediennutzung als Ganze im Auge zu behalten und darauf zu achten, dass die Summe der «Aktivposten» die der «Passivposten» in etwa aufwiegen kann.

Entscheidend ist es, sich die folgende «goldene Regel» zu Eigen zu machen: Wenn wir uns wie ein Unternehmer gegenüber Vermögen und Verbindlichkeiten verhalten wollen, dann müssen wir im Hinblick auf den Medienkonsum der Kinder und Jugendlichen dafür sorgen, dass den «Verbindlichkeiten», d.h. dem passiven Medienkonsum, entsprechende «Vermögenswerte», also aktive Tätigkeiten, gegenüberstehen. Denn sonst, so kann man aus diesem Vergleich leicht ersehen, wird unser Un- *Die goldene Regel der Medienbilanz* ternehmen in kürzerer oder längerer Zeit bankrott sein. Was das für die Entwicklung der Kinder bedeutet, braucht hier zunächst nicht näher ausgeführt zu werden, soll aber in den jeweiligen Betrachtungen der einzelnen Medien noch genauer untersucht werden. Im Übrigen gibt es zu den gesundheitlichen Folgen übermäßigen Medienkonsums bereits ausreichende und sehr kompetente Literatur.[9]

Auf die Qua-
litäten achten
Sie bemerken schon, dass wir jetzt bereits von Qualitäten sprechen, nämlich dem Aktiven und dem Passiven, die Ihnen unter Umständen nach so kurzer Zeit noch nicht einleuchtend erscheinen. Wenn Sie sich aber eine Weile in der beschriebenen Art prüfend mit den Medien beschäftigen, wird es Ihnen bald möglich sein, solche Qualitäten in sich selbst zu erspüren und dieses Gefühl dann mehr und mehr auch Ihren Kindern zu vermitteln.

Die Aussagen der Medienpädagogen und die Ergebnisse der Hirnforschung

Sind Kinder
bei Fernsehen
und Computer-
spiel aktiv?
Viele Medienpädagogen werden Ihnen, wenn Sie diese Qualitäten des Aktiven und Passiven vertreten, sofort entgegenhalten, dass der Medienkonsum doch nicht zwangsweise zur Passivität führen müsse, dass doch die Kinder eine Fernsehsendung wie «Biene Maja» mit äußerst wachem Interesse verfolgten und dabei ungeheuer viel lernen könnten. Die Verkäufer in der Abteilung für Computerspiele werden Ihnen vielleicht ganze Tafeln voller Empfehlungen vorhalten, wie pädagogisch wertvoll diese Spiele seien, wie intelligent Ihre Kinder dabei werden und was sie an Fähigkeiten dabei erwerben können.[10]

Die Hirnforschung hat aber mit diesen Legenden in den letzten Jahren zum Glück reinen Tisch gemacht. 2001 startete der

34

japanische Brainimaging-Experte Yoshiaki Kawashima eine aufwändige Versuchsreihe, in der er zwei Gruppen von Kindern im Hinblick auf ihre Gehirnaktivität untersuchte. Die eine Gruppe spielte ein Game von *Nintendo*, die andere Gruppe sollte einfache Rechenaufgaben mit Bleistift und Papier lösen.[11] Dabei stellte der Hirnforscher erstaunt fest, dass nicht, wie von ihm erwartet, die Gruppe am Computerspiel die höhere Gehirnaktivität aufwies, sondern die Gruppe, welche die einfachen Rechenaufgaben lösen sollte. Er musste erschreckt konstatieren, dass Computerspiele die Hirnaktivität auf ein Minimum reduzieren.

Der Hirnforscher Gerald Hüther konstatiert in seinem lesenswerten Buch *Computersüchtig:* «Und damit ist im Grunde alles gesagt, was man wissen muss, um zu verstehen, was im Gehirn bei Kindern und Jugendlichen passiert, die tagtäglich stundenlang vor ihren Monitoren sitzen: Einige wenige assoziative Verknüpfungen werden enorm intensiv und häufig benutzt – und deshalb auch entsprechend stark ausgeformt. Die fast ausschließlich über den Sehsinn zum Gehirn weitergeleiteten Signalmuster werden also beim Computerspiel immer fester mit den dabei erzeugten Vorstellungen, den damit einhergehenden Gefühlen, den dabei generierten Erwartungen und den dabei ablaufenden Bewertungen verknüpft. Alles andere bleibt dabei allerdings weitgehend unbenutzt. ... Und das Gehirn passt sich an diese Art seiner Nutzung an. Aus den assoziativen Netzwerken im Assoziationskortex wird eine Kümmerversion dessen, was daraus bei einer komplexeren Art der Nutzung hätte werden können.»[12]

Neuronale Einbahnstraßen

Der Hirnforscher Manfred Spitzer hat in seinem Buch *Vorsicht Bildschirm* diese Forschungsergebnisse noch ausführlicher dargestellt und bestätigt,[13] ähnlich der Erziehungswissenschaftler Christian Rittelmeyer in seinem Buch *Kindheit in Bedrängnis.*[14] Sie alle kommen übereinstimmend zu dem von Hüther hier zitierten Ergebnis, dass es sich insbesondere bei den visuellen Medien vom Standpunkt der Gehirnentwicklung, aber auch der Entwicklung des gesamten Bewegungsorganismus um eine ex-

Vereinseitigung durch visuelle Medien

treme Vereinseitigung handelt, die, einmal veranlagt, im späteren Leben nur sehr schwer wieder ausgeglichen werden kann.

Warum also nicht rechtzeitig für diesen Ausgleich sorgen? Die hier beschriebene Vereinseitigung hängt vor allem damit zusammen, dass von den Bildschirmmedien, wie Hüther richtig feststellt, lediglich einer unserer Sinne, nämlich der Sehsinn, angesprochen wird, während die übrigen Sinne vollkommen verkümmern. Eine ganzheitliche Pädagogik berücksichtigt, im Gegensatz zur Medienpädagogik, deshalb auch alle anderen Sinne des Menschen, und zwar in gleichmäßiger Weise. Eine auf die Erkenntnis aller menschlichen Sinne gestützte Pädagogik wird daher immer einen Ausgleich für die jeweilige Vereinseitigung der Sinne, wie sie faktisch bei jeglicher Mediennutzung vorliegt, anstreben. Wir können eine solchen Ansatz mit Recht als eine «Pädagogik der Sinne» bezeichnen. Sie sucht gegenüber der jeweils einseitigen Sinnesbetätigung bei der Mediennutzung nach Tätigkeiten und Beschäftigungen, durch die möglichst mehrere Sinne zugleich angesprochen und aktiviert werden.[15] Wir werden auf diesen Gesichtspunkt bei der Betrachtung der einzelnen Bereiche unserer Medienbilanz noch zurückkommen.

Vom bewussten Umgang mit der Zeit

Kehren wir zurück zu unserer Ausgangsfrage nach der Medienbalance. Vielleicht haben sie bei der Gegenüberstellung der Medien mit alternativen Tätigkeiten vermisst, dass hier zur Frage nach den Toleranzgrenzen, den Nutzungszeiten und der Auswahl von Inhalten im Fernsehen, bei MP3, Computerspielen und im Internet keine detaillierteren Angaben gemacht werden. Solche Empfehlungen sind in den bereits genannten Ratgebern in Hülle und Fülle gegeben.[16]

Mir kommt es hier darauf an, die verschiedenen Medien in einem neuen Ansatz, wie er meines Wissens so noch nicht praktiziert worden ist, zunächst einmal den entsprechenden alternativen Tätigkeiten, die eben im Sinne der Balance ein Gegengewicht bilden können, gegenüberzustellen und dann nach dem Gleichgewicht zu suchen. *Es kann nicht darum gehen, der Medienwelt auszuweichen, es geht vielmehr darum, sie in ihrer Einseitigkeit zu erkennen und aus dieser Erkenntnis heraus für den notwendigen Ausgleich zu sorgen. Dieses Prinzip nennen wir die Medienbalance.*

Ein derartiges Gleichgewicht wird erstens durch die entsprechende gegenüberliegende Qualität alternativer Tätigkeiten gebildet, zweitens aber natürlich auch durch einen dementsprechenden *Zeitaufwand*. Das Gleichgewicht kann ja eben nicht von selbst entstehen, sondern erst, wenn dem jeweiligen Gewicht auf der einen Seite, also beispielsweise einer bestimmten Zeitdauer, die vor dem Fernseher zugebracht wird, eine entsprechende Zeitdauer – in diesem Falle mit dem Lesen eines Buches – gegenübersteht.

Und was ist, wenn die Zeit nicht ausreicht? Klar, Zeit steht, gerade bei der jungen Generation, immer nur begrenzt zur Verfügung. Es gibt heute so viele Angebote und auch Verpflichtungen, denen die Kinder nachgehen können oder müssen, dass die *freie Zeit* kostbar ist. Umso bewusster sollte man mit ihr umgehen.

Und damit sind die Kinder selbst, besonders im jüngeren Alter, noch überfordert. Ein einigermaßen bewusster, planender Umgang mit den eigenen Zeitressourcen ist wohl erst ab einem Alter von vierzehn Jahren – bei dem einen sicher früher, bei anderen erst später – möglich. Das heißt aber, dass hier Ihre Unterstützung als Mutter, Vater oder Erzieher gefragt ist. Und diese Unterstützung kann eben in Form der hier vorgeschlagenen «Medienbilanz» erfolgen.

Dabei muss jede Leserin, jeder Leser für sich ausprobieren, wie er mit dieser «Bilanzierung» umgeht, ob er sie tatsächlich schriftlich festhält oder sie mehr innerlich gefühlsmäßig durchführt.

Ein bewusster Umgang mit der Zeit kann auch dadurch erlernt werden, dass man den Kindern, gerade an freien Tagen, morgens die Frage stellt: «Was hast du denn heute vor? Wie stellst du dir deinen Tag vor? Was wollen wir bzw. was willst du heute alles machen?»

Wenn man sich gemeinsam mit dem Kind auf die möglichen Aktivitäten besonnen hat, beginnt man, sie sinnvoll zu strukturieren, und versucht dann, das Kind während des Tages immer wieder daran zu erinnern, sofern die Struktur verloren zu gehen droht.

Eine solche bewusst ins Auge gefasste Tagesplanung kann besonders für Jugendliche in der Pubertät, bei denen es leicht drunter und drüber gehen kann, sehr hilfreich sein. Kleinern Kindern im Vorschulalter und Kindern bis zu zehn Jahren würde eine solche Planung bei der Entfaltung ihrer Fantasiekräfte jedoch eher hinderlich sein. Dennoch ist auch hier eine begleitende Übersicht notwendig.

Tatsache ist, dass ein genauer Blick auf die Uhr bei allen Medien letztlich unumgänglich ist. Das gilt besonders für die elektronischen Medien wie Computer und Internet, bei denen den Kindern und Jugendlichen am ehesten jegliches Zeitgefühl abhanden kommt.

In welcher Form Sie die Zeit kontrollieren – ob Sie dem Kind eine Stoppuhr neben den Bildschirm stellen oder einfach gewisse Vereinbarungen treffen und darauf vertrauen, dass diese auch eingehalten werden –, bleibt Ihnen selbst überlassen. Entscheidend ist auch hier Ihr Gefühl: «War das jetzt nicht schon wieder viel zu lange, hatten wir das nicht anders vereinbart?» Ihr Gefühl wird Sie in den meisten Fällen nicht trügen.

Aber seien Sie dennoch nicht misstrauisch! Nur echtes Vertrauen fördert die Kinder. Wenn das vereinbarte Zeitlimit überschritten wird, so meistens nicht aus bewusster Missachtung, sondern weil einfach die Selbstbeherrschung und Selbstkontrolle bei Kindern, insbesondere bis zum Alter von vierzehn Jahren, in vielen Fällen aber auch noch danach, noch nicht so stark ist, dass sie sich dem «Sog» des jeweiligen Mediums eigenständig entziehen können.

So erzählte mir einmal eine ratsuchende Mutter, dass sie von ihrem sechzehnjährigen Sohn regelrecht aufgefordert worden sei, ihn vom Bildschirm, an dem er durch stundenlanges Computerspielen wie angekettet saß, wegzuholen und den Computer abzuschalten, weil er dazu selbst nicht mehr in der Lage war und seine schulischen Leistungen deshalb sehr stark nachgelassen hatten. Wir werden auf diese «Sogwirkung» weiter unten noch ausführlicher zu sprechen kommen.

Und noch etwas: Für die Medienbalance gilt wie für vieles andere in der Erziehung, dass wir damit nicht früh genug anfangen können. Denn wie das Bild der Waage ja leicht verständlich zeigt: Ist auf der passiven Seite, auf der Seite der Medien, zu früh und zu viel Gewicht angesammelt worden, ist es dann später umso schwieriger, die Gegengewichte zu schaffen. Wurde aber umgekehrt auf der aktiven Seite entsprechend frühzeitig genügend Gewicht gebildet, dann kann auf der anderen Seite auch etwas «reingepackt» werden. Wie die frühzeitige Veranlagung aktiver Tätigkeiten in den drei seelischen Bereichen des Vorstellens, Fühlens und Wollens gelingen kann, das wird in den drei folgenden Kapiteln jeweils eingehender beschrieben.

Medienbalance von der frühen Kindheit an

Am Ende dieses ersten Überblicks noch ein Wort zur täglichen Praxis: Bei unserer Gegenüberstellung orientieren wir uns jeweils an einem Bereich des Seelenlebens und stellen dem Fernsehen das Lesen, dem Musikkonsum das Musizieren und den Computerspielen das sportliche Spiel und soziale Aktivitäten gegenüber. Das heißt natürlich nicht, dass wir bei einer so streng getrennten Betrachtungsweise stehenbleiben müssen. Das wäre auch viel zu abstrakt, denn das Leben verläuft ja in der Praxis auch nicht in drei Ebenen getrennt, sondern da vermischen sich die Aktivitäten und alles geht auch ineinander über. So ist es für viele Eltern sicher eine Erfahrung, dass ihr Kind im Grundschulalter, wenn

«Im Leben läuft es doch sowieso anders …»

es vor dem Fernseher sitzt und die Freundin an der Tür klingelt und fragt, ob es nicht mit ihr spielen wolle, im Allgemeinen den Fernseher stehen lässt und lieber mit der Freundin etwas unternimmt. Das heißt, dass sich hier eine Balance wie von selbst herstellt, nur nicht auf derselben Ebene, sondern auf verschiedenen Ebenen. Das macht selbstverständlich nichts, denn entscheidend sind letztlich die Qualitäten «aktiv» und «passiv», die sich die Waage halten sollen, auf welcher Ebene auch immer. Um uns im «Dschungel» der Medienwelt zurechtzufinden, haben wir hier aber die in drei Ebenen unterteilte Betrachtungsweise gewählt.

Im nächsten Kapitel geht es im Sinne unserer Medienbilanz nun zunächst um das Medium Buch, also die Aktivität des Lesens, das wir dem Medium Fernsehen gegenüberstellen werden.

Lesen als Kraftquelle – und warum Fernsehen die Seele schlaff macht

Im ersten Kapitel haben wir die heute häufig schwierige Situation der Eltern im Hinblick auf den Medienkonsum der Kinder und Jugendlichen dargestellt. Um in den «Mediendschungel» etwas Licht zu bringen, haben wir beschrieben, wie eine «Medienbalance» für Kinder aussehen könnte, wenn man den drei Bereichen des Denkens, des Fühlens und des Wollens die entsprechenden Medien zuordnet und diesen jeweils entsprechende alternative Tätigkeiten gegenüberstellt. Dadurch entsteht eine Art Bilanz, wie es mit der Nutzung der verschiedenen Bereiche bei den Kindern aussieht. Der Erwachsene sollte dabei an sich selbst überprüfen, welche Wirkung die Medien auf ihn ausüben.

Gehen wir in diesem Sinne zunächst einmal an den Bereich des Denkens und Vorstellens heran.

seelischer Bereich	aktiv	passiv
Denken, Vorstellen Fantasie, Gedächtnis	lesen Rätsel raten Sternenhimmel betrachten	fernsehen

Es geht uns nun darum zu erkennen: In welche Art der Tätigkeit kommen die Kinder, wenn sie ein Medium nutzen, und wie kann zu dieser Art der Tätigkeit ein Gleichgewicht hergestellt werden?

Lesen als Aktivität unserer Vorstellungskräfte

Dass wir beim Lesen eines Buches unser Vorstellungsvermögen, unsere Gedanken bewegen, wird wohl außer Frage stehen, denn ohne Aktivität in diesem Bereich werden wir ein Buch kaum lesen können. Das Lesen selbst ist ja der Inbegriff einer geistig-intellektuellen Tätigkeit.

44

Schauen wir uns diese Tätigkeit aber noch einmal genauer an. Was geschieht in der Vorstellungsbildung, während wir ein Buch lesen?

Blicken wir zunächst auf die Entstehung von Vorstellungen beim kleinen Kind. Beobachten wir ein dreijähriges Kind beim Spielen, so können wir dabei erleben, dass es noch keine *festen* Vorstellungen, sondern *bewegliche* Vorstellungen hat, die wir gewöhnlich als *Fantasie* bezeichnen.[17] So spielt zum Beispiel das Kind «Bootsfahren».[18] Es lebt ganz in dieser Welt des Meeres und des Bootsfahrens und kann dann beispielsweise einen an der Garderobe hängenden Hut als ein umgekehrtes Boot wahrnehmen oder auch eine halbe Nussschale. Der zur Wahrnehmung dazugehörige Begriff «Boot» ist im kleinen Kind noch nicht fest und geronnen wie beim Erwachsenen, sondern innerlich beweglich. Es kann deshalb den Begriff Boot (runde, nach oben offene Form, die schwimmfähig ist) mit allen möglichen Gegenständen, die dann zum Boot werden, verbinden. In dieser Tätigkeit der Fantasie, der aber letztlich die begriffsbildende Tätigkeit des Denkens zugrunde liegt, können wir die eigentliche Aktivität, die beim kindlichen Spiel immer vorhanden ist, erkennen.

Diese Aktivität ist nun im späteren Alter auch beim Lesen im Gange, indem das in den toten Buchstaben Verschriftlichte aus seinem toten Zustand befreit und durch unsere Vorstellungen belebt wird. Sehr schön nachvollziehbar wird dieses meist nur halb- bis unbewusste Spiel der Fantasie- und Vorstellungskräfte beim Lesen dann, wenn wir uns die Verfilmung eines Buches ansehen.

So hatte ich selbst lange Zeit große Hemmungen, mir etwa die Trilogie zum «Herrn der Ringe» von Peter Jackson trotz des großen Lobes der Kritiker anzuschauen, weil ich wusste: «Wenn du dir diese Filme anschaust, sind die schönen Bilder, die du dir vor vielen Jahren beim Lesen der Trilogie gemacht hast, futsch!» Und so war es dann auch, als ich aus wissenschaftlichem Interesse heraus die Filme schließlich doch anschaute. Keines der Bilder,

Was geschieht beim Lesen?

Fantasiekräfte

45

das ich mir beim Lesen gemacht hatte, blieb erhalten, und wenn ich das Buch von Tolkien heute wieder lese, habe ich ausschließlich die fixierten Bilder der Filme, wie gut oder schlecht diese auch sein mögen, vor mir.

Das Vorstellungs- vermögen bei Buch und Fernsehen

Das heißt aber, dass das Kind, sobald es den Bildmedien ausgesetzt ist, die beschriebene Vorstellungstätigkeit nicht mehr auszuüben braucht, ja nicht mehr ausüben darf, weil die Bilder ja durch das Bildmedium schon fertig geliefert werden.

Beim Fernsehen wird derselbe Bereich des Vorstellungsvermögens wie beim Lesen zwar angesprochen, aber nur so, dass die Kinder (und selbstverständlich auch die Erwachsenen) dazu keinerlei Aktivität mehr aufbringen müssen, die Bilder kommen fertig ins Haus. Die Person, die fern sieht, muss nur noch das Programm auswählen.

Lesen macht stark

Wer erinnert sich noch wirklich daran, wie er lesen gelernt hat und wie es war, das erste eigene Buch gelesen zu haben? Wohl kaum jemand! Irgendwann konnte man es einfach, und wenn man heute bei den eigenen Kindern nachschaut, so bleibt es auch da rätselhaft, denn das eine Kind kann es schon, bevor es in die Schule kommt, das andere braucht dagegen Zeit bis zur 3. Klasse, um richtig lesen zu können. Warum und weshalb bleibt uns verborgen. Auch die Leseforschung weiß bis heute nicht viel mehr über den Vorgang des Lesenlernens.

Der Vorgang des Lesen- lernens

So berichtete mir einmal ein älterer Freund, wie er in der Kindheit noch vor der Einschulung von seiner Mutter ein Lesebuch mit allen möglichen Buchstabenfolgen geschenkt bekommen hatte und er dann den Eindruck bekam: «Das lerne ich nie.» Als er wenig später für längere Zeit erkrankte und ihm die Mutter ein Märchenbuch zum Anschauen gab, fragte er, da er ja im Bett liegend viel Zeit hatte, immer wieder nach den einzelnen Buchstaben, und nach der Zeit der Rekonvaleszenz konnte er dann mit einem Mal lesen. Wie das vor sich gegangen war, konnte er nicht erinnern, nur dass es mit der Überwindung der Erkrankung einhergegangen war.

Diese Geschichte weist darauf hin, dass das Lesenlernen, wie viele andere Lernvorgänge auch, ähnlich wie ein Gesundungsvorgang verläuft. Wir bemerken diesen Vorgang nicht, spüren aber am Ende, dass wir wieder gesund geworden sind. Ebenso unbemerkt vollzieht sich eben auch das Lesenlernen.

Lesen lernt man wie im Schlaf

Das aber kann uns schon Aufschluss darüber geben, dass es sich hierbei offensichtlich um einen sehr individuellen, seelischen Prozess handelt, der unseren äußeren Sinnen praktisch entzogen ist. Denn er vollzieht sich bei jedem Menschen auf verschiedene Weise und verläuft niemals genau gleich. Nicht umsonst ist das gedruckte Buch Ausdruck der sich in der Neuzeit entfaltenden Individualität. Wer lesen kann, kann sich auch ein eigenständiges, selbst erworbenes Urteil bilden, denn Lesen geht immer unmittelbar mit der Gedanken- und Vorstellungsbildung einher.

Und dieser Prozess spielt sich im Kleinen auch heute in jeder Kinderstube ab, in der sich ein Kind mit einem Buch auf sich selbst zurückzieht und einfach liest. Es kann darin ganz bei sich sein, und Nichts und Niemand kann das verhindern. Das Buch ist insofern das Medium, das die Individualität des Kindes stärkt, und es gibt darum auch kein anderes Medium, das besser geeigneter wäre, in die Medienwelt einzuführen.

Das Lesen in der Sicht der Medienpädagogik

Wie im vorigen Kapitel bereits erwähnt, unterscheidet die Medienpädagogik den Umgang mit Büchern jedoch nicht vom Umgang mit anderen Medien. Für sie ist das Buch nur ein Medium unter vielen anderen. Und so wie man hier von «Medienkompetenz» redet, spricht man im selben Sinn auch von «Lesekompetenz». Was wird darunter verstanden?

Lesekompetenz im Sinne der PISA-Studie

Wie bekannt, schnitten deutsche Schüler bei der internationalen PISA-Studie im Jahr 2000 in dieser Hinsicht äußerst schlecht ab. Wonach wurde bei der Studie gefragt? Die Schüler mussten drei Sachtexte lesen und anschließend im Multiple-choice-Verfahren verschiedene Fragen beantworten. Gefragt war also das sachlich richtige Verstehen eines rein sachlichen Inhaltes. Zwei der drei verwendeten Texte bestanden dabei überwiegend aus Grafiken und Statistiken. Deshalb wird denn auch unter Lesekompetenz verstanden: die Fähigkeit, mithilfe von Büchern oder Texten etwas über die Wirklichkeit zu erfahren. Wenn also die Fähigkeit des Lesens eingeschränkt wird auf das sachgerechte Verarbeiten von Informationen, liegt es nahe, dass das Medium, welches die Informationen vermittelt, austauschbar ist. Ob ich mir die Information, wie tief der Tschadsee in Zentralafrika ist, über das Internet, über ein Dokumentarvideo, eine CD-ROM oder ein Lexikon beschaffe, ist dann letztlich einerlei.

Ein reduktionistisches Verständnis des Lesens

Dieses reduktionistische Bild der lesenden Tätigkeit beruht letztlich natürlich auf einem reduktionistischen Weltbild. Die Welt, wie sie außerhalb meiner existiert, ist in sich fertig und abgeschlossen. Indem der Mensch sie wahrnimmt, nimmt er das fertig Gegebene lediglich in sich auf. Was er durch sein Denken hinzufügt, hat deshalb für die äußere Realität keinerlei Bedeutung, die Welt ist fertig ohne den Menschen. Wer die Welt so vorstellt, muss zweifellos in jeder intellektuellen Betätigung nur eine Art Speichervorgang nach Art des Computers erblicken. Dabei ist es dann egal, welches Medium er dafür benutzt.

Lesen und Vorlesen als Persönlichkeitsbildung

Ist das Lesen eines Buches aber nicht doch sehr viel mehr? Stellen wir das reduktionistische Weltbild der Medienpädagogik doch einmal in Frage! Wie wäre es denn, wenn die Welt außer mir nur einen Teil der Wirklichkeit darstellte und das, was ich in meinem Bewusstsein zu ihr hinzufüge, aus dieser Teilwirklichkeit erst die eigentliche Realität entstehen ließe? Der Mensch wäre dann nicht nur ein Anhängsel einer scheinbar objektiven Außenwelt, sondern er wäre der Erzeuger einer Realität, wie es sie nur durch ihn geben kann. Das würde dann bedeuten: Im Lesen eines Buches schaffe ich mir ein inneres Bild der Welt, und dieses mein Innenleben fügt, je reicher ich es ausbilde, zur äußeren Wirklichkeit etwas hinzu, was ohne meine innere Tätigkeit nicht vorhanden wäre.

Jedes Lesen bereichert, wenn ich es intensiv vollziehe, nicht nur meine innere Vorstellungswelt, es hilft mir zugleich, die Wirklichkeit neu wahrzunehmen und ihr durch eigene Aktivität etwas von meinem inneren Reichtum hinzuzufügen. So entsteht durch das Lesen eine Art Atmungsvorgang, bei dem mit jedem Stück, das ich lese, innerlich verarbeite und verstehe, ich mich befähige, der Außenwelt etwas Neues zu geben, die Außenwelt ein Stück weit zu verändern. Lesen wäre dann zugleich Persönlichkeitsbildung und Weltentwicklung in einem.

Das Lesen – ein Atmungsvorgang

Schauen wir uns die Entwicklung des Lesens beim Kind genauer an, dann bestätigt sich das beschriebene Erleben. Dem kleinen Kind, das noch nicht selber lesen kann, wird etwas vorgelesen, eine Gute-Nacht-Geschichte beispielsweise, wie sie auch der Arzt Eckhard Schiffer in seinem Buch *Wie entsteht Gesundheit?* empfiehlt.[19] Das Kind kann beim Vorlesen zum Gehörten eigene, innere Bilder hinzufügen, es kann sich mit dem Erwachsenen, der ihm vorliest, in Einklang fühlen. Es kann Fragen, die am Gelesenen erwachen, an den Erwachsenen richten, eigene Gefühle sprachlich verbalisieren, eigene Erleb-

Vorlesen und Lesen fördert die Kreativität

nisse mit dem Gelesenen verbinden. Innen- und Außenwelt durchdringen sich, ein wunderbares Atmen, das nach einem vielleicht hektischen Tag beruhigend wirkt, tritt ein, fördert den Schlaf und die Gesundheit.

Erst vorlesen, dann selber lesen

Man kann also früh damit beginnen, das Kind an das Buch heranzuführen, indem man ihm schon im frühen Alter kleine Verse vorspricht, wie sie unsere Großmütter noch kannten, dann kleine Geschichten erzählt oder vorliest,[20] bis hin zum großen Schatz der Grimmschen Märchen. Ohne diese Erzähl- oder Vorlesekultur wird es das Kind schwer haben, wenn es so weit ist, selber zum Buch zu greifen.

Liest das Kind aufgrund der Gewohnheit des Vorlesens dann später selber, kann es die gewohnte Tätigkeit, innere Bilder zu erzeugen, anhand des Selberlesens in aktiver Weise fortsetzen und seine Persönlichkeit daran weiterentwickeln. Und nicht nur das: Die Urteilsfähigkeit, die entsteht, wenn ich mich dem Erlebten gegenüber als autonomes Selbst, mit starkem innerem Vorstellungsvermögen erfasse, wird immer mehr gestärkt. Der junge Mensch wird sich nicht als Marionette am Faden vorgefertigter Eindrücke erleben, sondern ein eigenständiges, waches und kritisches Bewusstsein entwickeln.

Hörkassetten sind kein Ersatz

Kein Ersatz für den vorlesenden oder erzählenden Erwachsenen sind Märchen- oder Hörkassetten bzw. CDs. Es gibt heute viele Kinder im Vorschulalter, die über ganze Mediatheken verfügen mit unzähligen CDs oder Kassetten mit Märchen, Hörspielen u.ä. Abgesehen davon, dass viele dieser Vertonungen nicht frei von Verzerrungen durch unnatürliche Stimmen, unterlegte nicht passende Musik etc. sind, können diese virtuellen «Vorleser» den realen Erwachsenen nicht ersetzen. Gespräche zwischen dem zuhörenden Kind, Fragen und Antworten zwischen Zuhörer und Erzähler sind beim Medium Hörkassette ausgeschlossen. Das Kind sitzt stumm davor, kann allerdings durch häufiges Wiederholen sich die Inhalte so tief einprägen, dass sie dann automatisch wiedergegeben werden.

50

So erzählte mir beispielsweise ein Vater, dass seine bei der getrennt lebenden Mutter untergebrachten Kinder zu seinem Leidwesen ungehindert mengenweise CDs mit Kinderhörspielen anhören und ständig nacherzählen bzw. nachsingen würden. Ihm missfiel es, dass die Kinder, statt durch die erzählende oder singende Mutter, durch einen Apparat zum Nachsingen angeleitet wurden. Abgesehen von der stets identischen und leblosen Wiedergabe der Inhalte störte ihn vor allem, dass eine an sich schöne Begabung seiner Kinder, nämlich genau nacherzählen oder nachsingen zu können, durch den mechanisierten Apparat und nicht durch die Mutter ausgebildet wurde.

Lesen als Schlüsselkompetenz zur Medienwelt

Folgen wir dem oben beschriebenen Verständnis des Lesens, zeigt sich nun doch ein deutlicher Unterschied zu allen anderen Medien: Während das Kind beim Lesen zu innerer Vorstellungsbildung und eigener Urteilsbildung angeregt wird, nehmen ihm alle visuellen Medien die innere Bildtätigkeit ab, da sie zum gesprochenen Wort auch gleich die Bilder mitliefern. Je mehr das Kind von den Bildmedien abhängig ist, desto passiver wird es innerlich, desto mehr verkümmert die Fähigkeit zu eigener Urteilsbildung, desto mehr wird die dadurch entstehende innere Leere durch äußere Bilder aufgefüllt werden müssen. Es entsteht schließlich eine Art von Suchtverhalten. Während also das Lesen die eigene Urteilskraft stärkt, wird diese durch Bildmedienkonsum eher geschwächt.

Visuelle Medien und innere Bildtätigkeit

Hat aber das Kind das Lesen als Kulturtechnik so weit verinnerlicht, dass es innerlich autonom geworden ist, kann es allen anderen Medien gegenüber gelassen bleiben, weil sie es nicht abhängig machen. Es kann sie wahrnehmen, wird ihnen aber nicht so leicht ausgeliefert sein.

Insofern zeigt sich, dass das Lesen eine Schlüsselkompetenz ist, gerade in einer von technischen Bildmedien beherrschten Welt. Wer viel liest, wird den übrigen Medien kritischer gegenüberstehen, denn er kann die für ihn relevanten Dinge sachbezogen auswählen und beurteilen.[21]

Eine Frage der Reihenfolge

Wenn wir das Vorlesen und Lesen, den Umgang mit Büchern als Schlüsselkompetenz für die Medienwelt anerkennen, dann hat das Konsequenzen im Hinblick auf die «Medienbiografie» von Kindern. In einer Welt, die vollständig durchdrungen ist von allgegenwärtigen elektronischen Medien, ist es umso entscheidender, das Rückgrat für diese Medienwelt, nämlich den Umgang mit Büchern, rechtzeitig und in genügendem Maße zu verankern.

Auch für die Medienbalance gilt: die ersten Lebensjahre sind die wichtigsten!

Im Sinne unserer Medienbalance ist es nämlich ungeheuer schwierig, das Gleichgewicht wieder herzustellen, wenn das kleine Kind bereits frühzeitig mit elektronischen Medien umgeben wird. Deshalb ist es für die Medienbalance unabdingbar, dass sich die Eltern und Erzieher frühzeitig um den Bereich des Vorlesens kümmern.

Die *Kultur des Vorlesens* kann zunächst durch das Vorsprechen veranlagt werden, wo noch keine längeren Texte, sondern kleine Verse, Sprach- und Fingerspiele mit den Kleinen gespielt werden.[22] Die Form des spielerischen Umgangs mit Sprache und Bewegung ist im Kleinkindalter die ideale Form der Kommunikation zwischen dem kleinen Kind und dem Erwachsenen.

Ab dem Alter, in dem die Kleinen dann genügend Aufmerksamkeit aufbringen können, um auch kleinen Geschichten und Bilderbüchern zu folgen, können diese dann eingesetzt werden, bis das Kind, je nach Entwicklung, allmählich selber lesen will.

52

Altersangaben sind immer variabel, weil jedes Kind sich individuell entwickelt, aber allgemein kann das folgende Schema
gelten:[23]

1 – 3 Jahre:	Verse, Sprach- und Fingerspiele – spielerischer Umgang mit der Sprache
3 – 5 Jahre:	Bilderbücher, kleine Märchen und Geschichten – vorlesen
5 – 6 Jahre:	Kinderbücher, Grimmsche (und andere) Märchen – vorlesen
ab 6 – 7 Jahre:	Kinderbücher – der Eintritt ins Schulalter: selber lesen

Bezüglich der Märchen herrscht bei den Eltern manchmal Unsicherheit, was das richtige Alter der Kinder angeht. Denn in
vielen Märchen tauchen Bilder auf, die dem Erwachsenen als
grausam oder unheimlich erscheinen. Die Vorstellungswelt der
Kinder ist aber eine andere als die des Erwachsenen.

Arnica Esterl beschreibt in ihrem sehr lesenswerten Buch *Die
Märchenleiter,*[24] dass es vor allem die besondere Form der Sprache ist, die bei den Märchen wirksam ist. Sie vergleicht die Prosa
einer Erzählung mit der Sprache eines einfachen Märchens:
«Als ich klein war, gab es nicht viel zu essen. Meine Mutter gab
mir nur ein Schmalzbrot in die Hand und schickte mich in den
Wald. ‹Geh du nur spielen.› Im Wald war mein Freund Jan, der
hatte gerade eine Kaninchenhöhle entdeckt. Wir suchten uns
also lange Stöcke, stocherten in der Erde herum und versuchten,
die Kaninchen zu ärgern und hervorzulocken.»

Und daneben: «Es war einmal ein armes frommes Mädchen,
das lebte mit seiner Mutter allein, und sie hatten nichts mehr zu
essen. Da ging das Kind hinaus in den Wald, und begegnete ihm
da eine alte Frau, die wusste seinen Jammer schon und schenkte
ihm ein Töpfchen, zu dem sollte es sagen: ‹Töpfchen koche›, so
kochte es guten süßen Hirsebrei, und wenn es sagte ‹Töpfchen
steh›, so hörte es wieder auf zu kochen.»[25]

Liest man die beiden Abschnitte laut vor, dann spürt man unmittelbar den Unterschied. Im Märchen entsteht durch die Sprache eine ganz bestimmte Stimmung – die «Märchenstimmung», die für die Kinder wie zu einer ganz eigenen inneren Welt hinführt, eben der Märchenwelt; sie kommt nicht in realistischen Tatsachen, sondern in Bildern zum Ausdruck. Der mehr sachlich berichtende Ton der Prosaerzählung dagegen macht das Kind mit der Alltagswelt vertraut. Beides ist wichtig und keine Form könnte durch die andere ersetzt werden.[26]

Keine Angst vor Verzögerungen

Das Kind lernt am erwachsenen Vorbild

Es gibt im Hinblick auf die Altersangaben keine absoluten Normen, denn die Entwicklung jedes Kindes verläuft doch individuell verschieden. Vor allem sollte man deshalb keine Angst haben, wenn eine Entwicklungsphase langsamer oder verzögert abläuft, also etwa das Selbstlesen auch im Schulalter nicht sofort einsetzt. Wichtig ist nur, dass der Umgang mit Literatur und Sprache, der in jedem Falle das innere Vorstellungsvermögen und die Fantasiekräfte anregt, nicht zugunsten anderer Medien, etwa Hörkassetten oder Hörbücher, vernachlässigt wird. Denn das Kind lernt am erwachsenen Vorbild! Fehlt dieses, weil es durch Surrogate in Form elektronischer Medien ersetzt wird, können die beschriebenen Entwicklungsvorgänge, die mit der Ausbildung des Spracherlebens zusammenhängen, nicht wirklich erfolgen.

Selber lesen erst um das siebte Lebensjahr

Umgekehrt sollte aber auch darauf geachtet werden, dass das Lesenlernen selber erst in der Nähe des Schulalters von sieben Jahren seinen richtigen Platz hat, weil erst von diesem Alter an die Vorstellungskräfte so weit gereift sind, dass die zum Lesen notwendige Anstrengung aufgebracht werden kann. Das heißt vor allem, dass das Selberlesen in keinem Falle von außen forciert werden oder gar in Form intellektuellen Unterrichtes in

54

der Vorschule erfolgen sollte. Hierzu gibt es eine reichhaltige Literatur, die auf die Folgen verfrühten Lesenlernens aufmerksam macht.[27]

Ist aber der Prozess des Lesenlernens einmal angestoßen, dann kann er eigentlich kaum noch aufgehalten werden, es sei denn …

Fernsehen macht die Seele schlaff

Ja, es sei denn, der Fernseher zieht das Kind so in seinen Bann, dass es das Lesen quasi wieder verlernt. Der Hirnforscher Manfred Spitzer weist in seinem Buch *Vorsicht Bildschirm*[28] deutlich nach, dass Fernsehen gerade in der Zeit, in der die Kinder lesen lernen, die Lesefähigkeit erheblich einschränkt. «Fernsehen hat ungünstige Auswirkungen auf das Erlernen des Lesens», so Spitzer, von weiteren negativen Auswirkungen ganz zu schweigen. *Einschränkung der Lesefähigkeit*

Aber was tun, wenn das Fernsehen trotzdem nicht umgangen werden kann? Hier hat mir einmal ein Vater von einem sehr interessanten Versuch berichtet, den er mit seiner zwölfjährigen Tochter und seinem zehnjährigen Sohn unternommen hatte. Er hatte mit den Kindern die Verabredung getroffen, dass jeder Film, der im Fernsehen verfolgt wurde, zu Papier zu bringen sei, eine Art «Fernsehtagebuch» mit ausführlichen Inhaltsangaben. Das machte den Kindern bald keinen Spaß mehr, denn abgesehen vom zusätzlichen Zeitaufwand, den die Niederschrift des Gesehenen erforderte, bemerkten die beiden schnell, wie viel Schwachsinniges sie dabei zu Papier bringen mussten, und bald hatte der Spuk damit ein Ende. Entscheidend ist gerade beim Fernsehen, die Sogwirkung, die letztlich zur völligen Passivität führt, aufzuheben und die Eigenaktivität der Kinder wieder zu stärken. Das war dem zitierten Vater vorbildlich gelungen, und er hatte damit die «Medienbalance» wieder hergestellt. *Ein Fernsehtagebuch*

Wie schon beschrieben, bilden Kinder bis zum siebten Lebensjahr intensiv ihre Fantasiekräfte aus. Mit der Schulreife tritt dann die Fähigkeit des konzentrierten Lernens auf, die hauptsächlich mit der Gedächtnisbildung zusammenhängt. *Fantasie-* und *Gedächtniskräfte* sind aber die beiden Kräfte, die, solange sie sich noch in Entwicklung befinden, am stärksten durch das Fernsehen gelähmt werden.

Die Fantasietätigkeit wird, wie gezeigt, durch die vorgefertigten Bilder praktisch vollständig zurückgedrängt. Und die ab der Schulreife sich ausbildende Gedächtnisbildung wird vor allem durch das schnelle Hintereinander, durch Programmwirrwarr und Beliebigkeit der Fernsehprogramme massiv beeinträchtigt. Deshalb kann als Grundregel, die auch von Fachleuten wie Manfred Spitzer befürwortet wird, gelten, dass Kinder bis zum Alter von zehn bis zwölf Jahren so wenig wie möglich fernsehen sollten. Das gilt insbesondere für das Vorschulalter – der Zeit der Fantasieausbildung –, aber auch für das erste Schulalter, in dem die Gedächtniskräfte ausgebildet werden. Vor allem in den ersten Schuljahren ist eine Überbeanspruchung durch permanent wechselnde Programme den schulischen Leistungen äußerst abträglich.[30]

Die Kinderprogramme aller Fernsehsender, sowohl der staatlichen wie der privaten Kanäle, zeichnen sich durch eine hochfrequente Sendefolge aus. Insbesondere in den Morgenstunden der schulfreien Samstage und Sonntage folgen in der Zeit von 6.00 bis 10.00 Uhr auf Sendern wie dem Kinderkanal (KI.KA), SuperRTL, Kabel 1, aber auch auf ARD und ZDF durchschnittlich zwölf Sendungen unterschiedlichsten Inhaltes im Zwanzig-Minuten-Takt aufeinander. Dasselbe gilt aber auch für die Nachmittage der übrigen Wochentage. Kein Erwachsener würde sich so viele Inhalte hintereinander anschauen, Kindern aber werden mit diesem Sendetakt an den Bildschirm gefesselt, weil ihre Aufmerksamkeit sonst erlahmen und sie aus «Langeweile» einfach abschalten würden. Das heißt, dass die Programmmacher es dar-

auf abgesehen haben, die Kinder möglicht lange am Bildschirm
festzuhalten.

Abgesehen von der schnellen Sendefolge zeichnen sich die *Überreizung* meisten dieser Sendungen, insbesondere die Zeichentrickserien *des Sehsinns* (auf Kabel 1 laufen jeden Samstagmorgen zwölf Serien hintereinander), durch eine enorm schnelle Szenenfolge aus, die eine zusätzliche Überreizung des sowieso einseitig beanspruchten Sehsinnes bewirken. Dauerhafte Berieselung durch solchen «Bildermüll» hat, wie die Hirnforschung erwiesen hat,[31] eindeutig negative Folgen für die Konzentrationsfähigkeit der Kinder.

Ein paar sinnvolle Regeln

Aus all diesen hier nur angedeuteten Negativwirkungen des *Regeln zum* Fernsehens ergibt sich: *Fernseh-*

1. Kinder bis zum Alter von zehn bis zwölf Jahren sollten auch *konsum* unter Aufsicht so wenig wie möglich fernsehen.
2. Kinder bis zum Alter von vierzehn bis sechzehn Jahren sollten über keinen eigenen Fernseher verfügen, den sie ohne Aufsicht bedienen können.
3. Für das Fernsehen mit Kindern gilt (da sind sich auch praktisch alle Medienpädagogen einig): Stellen Sie feste Regeln über Dauer und Art der Sendungen auf, die gesehen werden. Begrenzen Sie die wöchentliche Fernsehzeit dem Alter der Kinder entsprechend und sorgen Sie, unserem Konzept der «Medienbalance» folgend, für entsprechende Ausgleichszeiten, in denen sich das Kind mit Büchern, Rätseln oder anderen, Fantasie und Gedächtnis ansprechenden Tätigkeiten beschäftigt.
4. Mehrere Sendungen hintereinander sollten aus hygienischen Gründen immer vermieden werden, damit anschließend

genügend Freiraum für die Verarbeitung der Inhalte (vorausgesetzt, es handelt sich um verarbeitenswürdige Inhalte) bleibt.

5. Auch unmittelbar vor dem Schlafengehen sollten Kinder unter zwölf Jahren nicht fernsehen, da dies den Schlaf beeinträchtigen kann.

6. Wenn möglich, sollten Kinder ab zehn bis zwölf Jahren dazu angehalten werden, über das Gesehene mit kurzen Inhaltsangaben Buch zu führen.

«Aber es gibt doch auch gute Filme!»

DVDs
erleichtern
die Filmauswahl

Von vielen Erwachsenen kommt hier der Einwand, dass es doch auch gute Filme gebe. Sicher gibt es auch gute Filme. Sie sollten aber bewusst ausgewählt und gemeinsam mit den Kindern angesehen werden. Die Auswahl fällt natürlich leichter, wenn man sich nicht nach dem richten muss, was im Fernsehprogramm gerade läuft, sondern wenn man gezielt eine DVD anschaut, von der man überzeugt ist, dass der Film gehaltvoll ist. Ich kenne viele Eltern, die ihre Kinder überhaupt nur DVDs in gewissen Abständen, zum Beispiel einmal pro Woche, anschauen lassen. Das Programmfernsehen wird in solchen Familien aufgrund der oben dargestellten Problematiken vollkommen vermieden.

Die Verfilmung
beliebter
Kinder- und
Judendbücher

Aber auch bei DVDs sollte bewusst hingeschaut werden. Handelt es sich zum Beispiel um die Verfilmung eines beliebten Kinder- oder Jugendbuches, wäre es sehr schade, wenn die Kinder das betreffende Buch noch gar nicht gelesen haben. So machte etwa ein Vater seinen zwölf- bis vierzehnjährigen Söhnen zur Auflage, dass sie Tolkiens *Der Herr der Ringe* erst vollständig gelesen haben mussten, bevor sie mit ihm die drei Filme im Kino anschauen durften. Die selbstgemachten Bilder, die die Kinder beim Lesen entwickelt haben, sind danach in der Regel zwar ausgelöscht, aber immerhin waren die Kinder während des Lesens von den Kinobildern noch unbeeindruckt und daher in ihrer Fantasie frei für die eigenen Bilder.

Meine Empfehlungen

Nach welchen Kriterien sollte man Filme beurteilen, die für Kinder geeignet sind?

Fime beurteilen – eine schwere Aufgabe

Da es eine riesige Menge an Filmen für Kinder im Alter von sechs bis sechzehn Jahren gibt, ist es an dieser Stelle natürlich nicht möglich, auch nur eine annähernd repräsentative Auswahl an Empfehlungen zu geben. Daher möchte ich mich hier auf eine ganz spezielle Art von Filmen konzentrieren, die in ihrer Machart und ihrer kindgerechten Darstellung meiner Meinung nach einzigartig und durchweg empfehlenswert sind. Es sind die aus Japan stammenden Zeichentrickfilme des Großmeisters dieses Genres, *Hayao Miyazaki*.

Hayao Miyazaki wurde am 5. Januar 1941 als zweites Kind eines Flugzeugunternehmers in Tokio geboren. Nach seiner Schulzeit studierte er zunächst vier Jahre Politische Wissenschaften und Ökonomie, bevor er sich 1963 der Produktionsfirma Studio Toei anschloss. Dort begann er seine Karriere als Zeichner diverser Animationsfilme und -serien, unter anderem arbeitete er bei der TV-Umsetzung der Zeichentrickserie *Heidi* (1974) mit. Anfang der 1980er Jahre startete er sein bis dahin größtes Projekt mit dem Manga «Nausicaä», einer Geschichte, in der eine junge Prinzessin in einer unwirklichen Welt ums Überleben kämpft. Der Manga wurde 1982 veröffentlicht und avancierte – wie die zwei Jahre später erfolgte Leinwandadaption *Nausicaä aus dem Tal der Winde* – zu einem kommerziellen Erfolg und verschaffte Miyazaki internationale Anerkennung. Dies ermöglichte ihm die Gründung von Studio Ghibli, in dem er fortan seine Filme produ-

Miyazakis Meisterwerke

zierte. Neben Kurzfilmen produzierte er sieben Spielfilmprojekte für die Ghibli-Studios, die ihn zu einem der wichtigsten Vertreter des japanischen Animationsfilms werden ließen. Nach der Produktion von *Prinzessin Mononoké* als damals erfolgreichster japanischer Film aller Zeiten 1997 erklärte Miyazaki zunächst seinen Rücktritt als Regisseur, um jüngeren Talenten Platz zu machen. Er kehrte jedoch zurück und schuf unter anderem 2001 den Film *Chihiros Reise ins Zauberland*, der neue Verkaufsrekorde aufstellte und zum weltweit meistausgezeichneten Zeichentrickfilm wurde (er erhielt u. a. den Goldenen Bär 2002 und den Oscar 2003). Miyazakis bisher letzter Film, *Das wandelnde Schloss*, kam 2004 in die Kinos; im deutschsprachigen Raum lief eine synchronisierte Fassung im August 2005 an.

Filme aus der Perspektive der Kinder
Miyazakis Filme zeichnen sich erstens dadurch aus, dass sie ohne die sonst üblichen Effekte amerikanischer Produktionen, ohne Verzerrungen und sinnlose Gewalt, Schadenfreude und Erwachsenenperspektiven auskommen. Miyazaki versteht es in einzigartiger Weise, seine stets originär von ihm erschaffenen Geschichten aus der Perspektive der Kinder zu erzählen.

Mein Nachbar Totoro und *Kikis kleiner Lieferservice* würde ich Kindern ab sieben Jahren empfehlen, *Chihiros Reise* und *Das wandelnde Schloss* sind für Kinder ab neun Jahren geeignet und *Prinzessin Mononoké* und *Das Schloss in den Wolken* sowie *Nausicaä aus dem Tal der Winde* ab zwölf Jahren. In den Filmen ab zwölf Jahren spielen jeweils auch kriegerische Auseinandersetzungen eine Rolle; die Gewalt wird hier aber nie Selbstzweck und, wie schon gesagt, nicht in amerikanischer Manier mit Verzerrungen, Schadenfreude oder sinnloser Zerstörung in Szene gesetzt.

Da es in allen Filmen von Miyazaki immer auch um das Verhältnis des Menschen zur Natur und um die magischen Kräfte der Natur geht, enthalten sie alle aber auch Botschaften an die Erwachsenen, sodass sich die Filme bestens für die ganze Familie eignen und anschließend für entsprechenden Diskussionsstoff sorgen werden.

Exemplarisch sei hier die Handlung von Miyazakis erfolg-
reichstem Film, *Chihiros Reise,* wiedergegeben:

Chihiros Reise, ist wie gesagt, ein Zeichentrickfilm im Stil der *Chihiros Reise*
japanischen Animéfilme. Es handelt sich dabei um eine freie Erfindung Miyazakis, ohne literarische Vorbilder, freilich unter An-
lehnung an Märchen- oder Sagenstoffe. Der Film beginnt mit der
Übersiedlung von Chihiros Eltern in eine andere Stadt, worüber
das zehnjährige Mädchen sehr traurig ist. Unterwegs verfahren
sich die Eltern und landen im Wald vor einem dunklen Tunnel.
Neugierig und unternehmungslustig durchschreiten sie entgegen
den Warnungen der kleinen Chihiro den Tunnel und landen auf
der anderen Seite scheinbar in einem stillgelegten Vergnügungs-
park, in dem es verlockend nach Gebratenem riecht. Die Eltern
können der Verlockung nicht widerstehen und greifen hungrig
zu den von unsichtbarer Hand aufgetischten Speisen, während
Chihiro sich angewidert abwendet und das unheimliche Gelände erkundet. Dabei entdeckt sie jenseits einer Brücke ein riesi-
ges, mehrstöckiges Badehaus im altjapanischen Stil. Plötzlich
erscheint ein Junge, der sie davor warnt, sich auf dem Gelände
nach Einbruch der Dunkelheit weiter aufzuhalten, aber da ist es
schon zu spät. Sie rennt zu den Eltern zurück, die sich aber zu
ihrem Entsetzen bereits in zwei grunzende, fette Schweine ver-
wandelt haben. Verzweifelt läuft sie zur Brücke zurück, und ihr
junger Freund Haku taucht wieder auf, um sie auf die andere
Seite zu bringen, denn mittlerweile trennt ein gewaltiger Strom
die Welt, in der sie sich jetzt befindet, von der alltäglichen Welt,
in die sie vorerst nicht zurückkehren kann.

Was stellt Miyazaki hier dar? Chihiros Eltern sind offensicht- *Umkehrung*
liche Repräsentanten der modernen japanischen Gesellschaft, *der Perspektive*
konsumorientiert und auf das eigene Vergnügen versessen, ohne
Rücksicht auf die natürlichen Ressourcen. Dass Miyazaki die ge-
wöhnliche Perspektive – moralisches Vorbild = Eltern – hier um-
kehrt, gehört mit zu den bewegenden Motiven dieses Films, denn
von Anfang an ist es Chihiro, die, ihrem Gewissen folgend, auf

moralische Grundsätze hinweist. Wohin aber ist sie mit ihren Eltern geraten? Je tiefer sie in die Welt des gewaltigen Badehauses eindringt, umso mehr lernt sie die dort lebenden Geister kennen. Es sind, dem japanischen Shinto-Glauben folgend, Naturgeister, die sich hier reinigen und regenerieren. Und damit sind wir bei

*Ein Haupt-
motiv von
Myazakis
Schaffen*

einem Hauptmotiv von Miyazakis Schaffen: der Liebe zur Natur und der Sorge um die Umwelt. Denn womit Chihiro, die nun dafür sorgen muss, dass ihre Eltern aus ihrer Schweinegestalt zurückverwandelt werden, nun konfrontiert wird, das ist die Welt der erschöpften und verunreinigten Naturgeister, Flussgeister, Pflanzengeister und geisterhafter Gestalten wie «Ohngesicht», der zwischen den Welten haltlos hin- und herirrt.

Nach manchen Abenteuern und mithilfe ihres Freundes Haku, der sich als verzauberter Geist eines Flusses entpuppt, in dem Chihiro als kleines Kind beinahe einmal ertrunken wäre, gelingt es ihr schließlich, den Zauberbann zu brechen, der über ihre Eltern verhängt ist.

*Die Atmo-
sphäre einer
anderen Welt*

Die Faszination dieses Meisterwerkes liegt nicht nur in den Bildern, die in ruhig fließendem Stil daherkommen, sondern vor allem in den immer wieder überraschenden und unerwarteten Begebenheiten. Dadurch schafft Miyazaki tatsächlich die Atmosphäre einer höheren, anderen Welt, etwa wenn der Schienenbus, mit dem Chihiro an einen anderen Ort reisen muss, um den Zauberbann zu lösen, durch ein flaches Wattenmeer fährt, wobei es langsam immer dunkler wird – Abendstimmung, wie ich sie so noch nie in einem Zeichentrickfilm oder einem anderen Film erlebt habe. Oder das seltsam heimatlose Wesen «Ohngesicht», das durch den Missbrauch der Regenerationskräfte des Badetempels zum Monster mutiert und ebenfalls durch das Mitleid Chihiros befreit wird. Dazu kommt die vollkommen adäquate Musik von Joe Hisaishi und der Titelsong von Yumi Kimura, «Always with me», den die Sängerin auf der Leier begleitet. Ein Film, der sich zwar wie auch alle anderen Werke Miyazakis zunächst an die Kinder wendet, wegen seiner übergreifenden moralischen

Botschaft der Rücksichtnahme auf den uns umgebenden natürlichen und geistigen Kosmos aber auch jeden Erwachsenen berühren kann.

Was an den Filmen Miyazakis besonders überzeugend ist, sind seine völlig eigenständigen Bildwelten, die die Kinder weder mit platten Abbildern äußerer Realitäten noch mit hektischen oder gewalthaltigen Bildsequenzen konfrontieren, sondern die sie, den oben angegebenen Altersstufen entsprechend, in eine ihnen gemäße Bilderwelt einführen, die sich so bei keiner literarischen Vorlage ergeben würde. Das heißt, dass durch diese Bilder die Fantasiewelt der Kinder nicht beeinträchtigt, sondern durch die eigenständigen Bildwelten Miyazakis ergänzt wird. *Völlig eigenständige Bildwelten*

Ich würde Miyazakis Filme daher auch eher als Kunstwerke denn als herkömmliche Filme bezeichnen und ihr Anschauen auch eher mit dem Betrachten eines bewegten, lebendigen Kunstwerkes vergleichen. *Der Film als Kunstwerk*

Natürlich wird man auch andere Beispiele für solche künstlerischen Filmwerke finden, bei Miyazaki kommt aber dazu, dass er sämtliche Inhalte und Bilder selbst entwirft und in liebevollster Weise, ohne Computeranimationen, gestaltet.

Wie schaffe ich die Wende?

Kehren wir nochmals zum Medium Fernsehen zurück. Was können wir tun, wenn das Fernsehen für Kinder bereits eine feste Alltagsgröße geworden ist und das Lesen partout von ihnen nicht gewollt wird?

Lesen wird gewöhnlich als eine solitäre Angelegenheit betrachtet. Das braucht es aber nicht zu sein. Viele Schulen, Stadtteile oder Gemeinden verfügen über ausgesprochen gut ausgestattete Bibliotheken für Kinder und Jugendliche. In diesen Räumen finden die Kinder aber nicht nur Beratung für ihre Lesewünsche, *Bibliotheken als soziale Treffpunkte* sondern hier treffen sie auch andere Kinder, Mitschüler, Freunde, und es gibt regelmäßig Veranstaltungen, Lesungen etc.

In der Freien Waldorfschule in Frankfurt/Main hat sich zum Beispiel dank des unermüdlichen Einsatzes einer Lehrerin, die dafür ihre sämtlichen Ferien opferte, die Schülerbücherei zu *dem* sozialen Treffpunkt der Schule entwickelt. Zuerst war die Bibliothek als ruhiger Arbeitsplatz nur bei Oberstufenschülern beliebt. Dann kam eine Kaffee- und Teeecke dazu, Lesekreise wurden eingerichtet, es folgten Autorenlesungen, und mehr und mehr erweiterte sich das Angebot. Entscheidend war hier natürlich der enorme Einsatz der Bibliothekarin; das Ergebnis überzeugte sie aber so sehr, dass sie den Eindruck hatte, ihr freiwilliges Opfer habe sich dadurch mehr als ausgeglichen.

Dies ist nur eines von vielen möglichen Beispielen, wie das Interesse an Büchern geweckt werden kann. Schauen Sie sich doch einfach an Ihrer Schule, in Ihrer Gemeinde oder in Ihrem Stadtteil nach solchen Angeboten um, es gibt sie mittlerweile fast überall.

Der bunte Hund — Eine gute Anregung zum regelmäßigen Lesen ist auch die Zeitschrift *Der bunte Hund (Das Geschichten- und Bildermagazin)* für Kinder von sieben bis elf Jahren, die seit kurzem monatlich erscheint. Hier gibt es jeden Monat kurze Geschichten, die Leseappetit machen, fantasievolle Bildergeschichten, Rätsel, Bastelanleitungen und vieles mehr. Natürlich sind auch andere Zeitschriften als Anregung zum Lesen geeignet. Je höher jedoch der Bildanteil ist, umso weniger wird allerdings gelesen. Für Kinder, die noch keine große Ausdauer im Lesen besitzen, können solche Zeitschriften durchaus als Vorstufe zum Lesen ganzer Bücher angesehen werden.

Bücher als Geschenke — Ein weiteres Mittel, das Kind zum Lesen anzuregen, sind Buchgeschenke. Wenn also Verwandte nachfragen, was man denn dem Kind zum Geburtstag oder zu Weihnachten schenken könnte, sollte man immer auch Bücher als Geschenk nennen und natürlich als Eltern den Kindern selbst immer wieder Bücher schenken.

Eine mögliche Alternative zum Lesen ist das Lösen von Rätseln. *Rätsel lösen macht Spaß* Es gibt eine große Vielfalt an Rätseln – Logikrätsel, Worträtsel, Zahlenrätsel wie die Sodukus oder Rätselgeschichten. Dazu gibt es in jeder Buchhandlung oder auch am Zeitschriftenkiosk jede Menge Literatur. Sehr beliebt, besonders bei Jungen, sind zum Beispiel Rätselkrimis wie der Klassiker dieses Genres, *Die Abenteuer der schwarzen Hand* von Hans J. Press, in denen man sich selber an der Lösung eines Kriminalfalles beteiligen kann. Selbst wenn der siebenjährige Sohn noch nicht lesen kann, wird er sich diese spannenden Rätselgeschichten doch gerne noch vorlesen lassen.[32]

Immer nur zu Hause sitzen?

Aber auch im Freien können die Fantasie- und Gedächtniskräfte geübt werden, zum Beispiel durch das nächtliche Beobachten des Sternenhimmels. Besonders in den Sommerferien, im Urlaub, ist das Betrachten des nächtlichen Himmels eine Tätigkeit, die das Vorstellungsvermögen und das Gedächtnis anspricht.[33] Dazu muss sich der Erwachsene natürlich erst einmal selbst ein wenig mit den Sternbildern, den Planetenbewegungen etc. vertraut machen. Eine gute Hilfe dazu sind die verschiedenen Sternenkalender, die in jeder Buchhandlung erhältlich sind.[34]

Ist man einmal mit den grundlegenden Sternbildern vertraut, *Sternbilder beobachten* findet man sich nach und nach immer besser zurecht. Die Kinder ab neun bis zehn Jahren werden sich unter Umständen dann sogar besser an bestimmte Sternbilder erinnern als die Erwachsenen, da sie sich mit ihren noch jungen Gedächtniskräften bildhafte Zusammenhänge leichter einprägen können.

Abschließend zu diesem Kapitel, in dem wir uns mit dem Bereich der Denk-, Vorstellungs- und Gedächtniskräfte beschäftigt haben, sei noch einmal gesagt, dass es bei der Medienerziehung vor allem darauf ankommt, dem passiven Konsum des immer noch am weitesten verbreiteten Mediums Fernsehen (siehe die entsprechenden Angaben zur Mediennutzung im ersten Kapitel, S. 20ff.) im Sinne unserer «Medienbalance» ausgleichende Aktivitäten, zu denen in erster Linie das Lesen gehört, gegenüberzustellen.[35]

Gute Laune auf Knopfdruck – und warum Musikmachen den ganzen Menschen bildet

Im zweiten Kapitel haben wir beschrieben, wie eine ausgewogene Medienbalance auf der Ebene des Denkens und Vorstellens, der Fantasiekräfte und der Gedächtnisbildung aussehen könnte. Dabei haben wir dem allgegenwärtigen Medium Fernsehen vor allem das Lesen gegenübergestellt. Im folgenden Kapitel geht es nun um den mittleren Menschen, das Gefühlsvermögen, die Musikmedien und das Musikmachen.

*Musikmedien
in die Medien-
betrachtung
einbeziehen*
Merkwürdigerweise taucht in den heutigen Konzepten der Medienpädagogik, die von der sogenannten Medienkompetenz sprechen, das Medium der Musik überhaupt nicht auf. Hier ist man vollkommen einseitig auf die Bildmedien fixiert, vor allem auf das Fernsehen und den Computer, übersieht dabei aber, dass Kinder einen großen Teil ihrer Freizeit mit dem Konsum von Musikmedien verbringen. Immerhin gehört zum Medium Musik ja auch das *Radio*, das mithin, anders als das Fernsehen, aus dem Bereich der Medien praktisch vollständig ausgeblendet wird. Auch hier erscheinen mir die herkömmlichen Konzepte der Medienpädagogik und der Medienkompetenz dringend erweiterungsbedürftig, denn immerhin steht bei den Sechs- bis Dreizehnjährigen das Musikhören von allen mediengebundenen Freizeitaktivitäten nach dem Fernsehen an zweiter Stelle, bei den Jugendlichen von zwölf bis neunzehn Jahren nach Fernsehen und Computer an dritter Stelle. Aber auch in den herkömmlichen und ansonsten medienkritischen Medienratgebern für Eltern fehlt das Kapitel Musikmedien vollständig![36] Ebenso hat sich auch die Hirnforschung bisher ausschließlich der Auswirkung von Bildschirmmedien auf die Gehirnentwicklung gewidmet, nicht aber der Untersuchung von Hörmedien. Die medizinische Forschung hat sich lediglich der Auswirkung von zu lauter Musik im Hinblick auf die Schädigung des Gehörs gewidmet, nicht aber der Wirkung ständigen Musikkonsums. Womit mag das zusammenhängen?

Musik ist heutzutage, und das gilt besonders auch für Kinder und Jugendliche, allgegenwärtig, zu jeder Zeit, vom Aufwachen

70

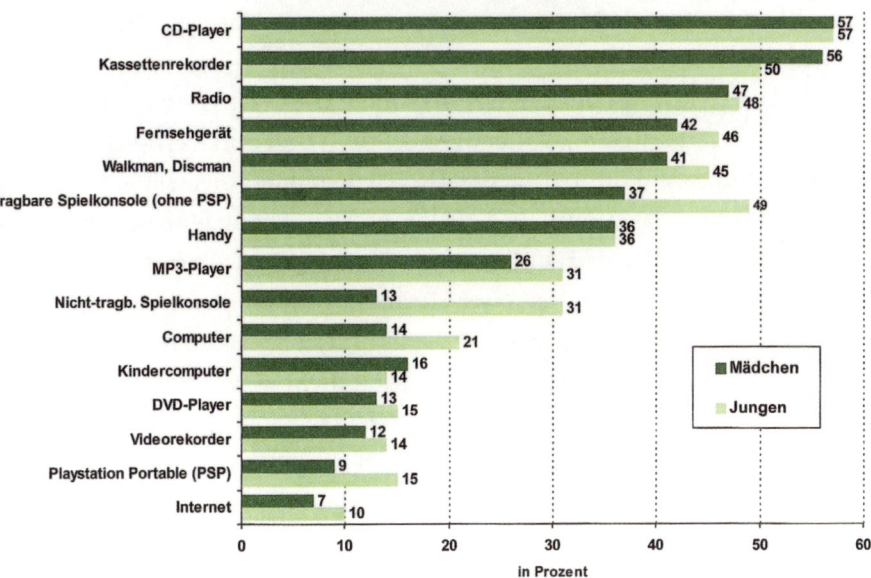

Gerätebesitz der Kinder 2006
- Angaben des Hauptziehers -

	Mädchen	Jungen
CD-Player	57	57
Kassettenrekorder	56	50
Radio	47	48
Fernsehgerät	42	46
Walkman, Discman	41	45
Tragbare Spielkonsole (ohne PSP)	37	49
Handy	36	36
MP3-Player	26	31
Nicht-tragb. Spielkonsole	13	31
Computer	14	21
Kindercomputer	16	14
DVD-Player	13	15
Videorekorder	12	14
Playstation Portable (PSP)	9	15
Internet	7	10

in Prozent

Quelle: KIM-Studie 2006

Basis: Gesamt, n=1.203

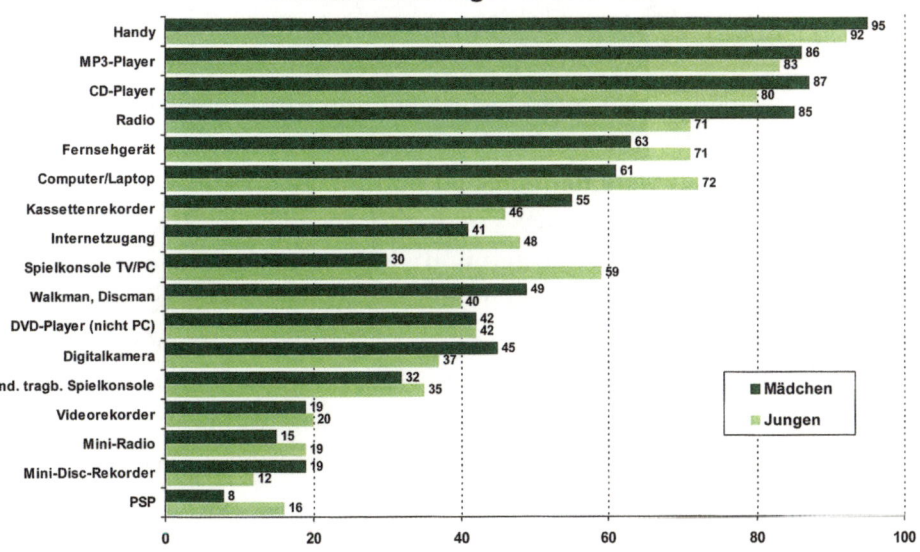

Gerätebesitz Jugendlicher 2007

	Mädchen	Jungen
Handy	95	92
MP3-Player	86	83
CD-Player	87	80
Radio	85	71
Fernsehgerät	63	71
Computer/Laptop	61	72
Kassettenrekorder	55	46
Internetzugang	41	48
Spielkonsole TV/PC	30	59
Walkman, Discman	49	40
DVD-Player (nicht PC)	42	42
Digitalkamera	45	37
and. tragb. Spielkonsole	32	35
Videorekorder	19	20
Mini-Radio	15	19
Mini-Disc-Rekorder	19	12
PSP	8	16

Quelle: JIM 2007, Angaben in Prozent

Basis: alle Befragten, n=1.204

71

(Radiowecker) bis zum Einschlafen (MP3-Player mit Ohrstöpseln), und an jedem nur denkbaren Ort, vom Badezimmer bis zur U-Bahn, ist sie verfügbar. Bemerken wir ihre Wirkungen deshalb schon gar nicht mehr?

Das elektronische Speichermedium MP3-Player (zum Beispiel der weitverbreitete iPod) hat diese schon länger andauernde Entwicklung perfektioniert, in praktisch jedem modernen Handy ist ein solcher Player enthalten, wenn er nicht sowieso als separates Kleinstgerät zur Hand ist. Von allen Medien, über die Kinder und Jugendliche heute selbstständig verfügen können, sind die Musikmedien mit Abstand die am meisten verbreiteten. Bei den Sechs- bis Dreizehnjährigen verfügt mehr als die Hälfte über einen eigenen CD-Spieler, ein Drittel über ein eigenes Handy und MP3-Player, bei den Zwölf- bis Neunzehnjährigen verfügen an die neunzig Prozent über einen eigenen MP3-Player, ein eigenes Handy oder einen CD-Player (siehe Grafik S. 71).

Angesichts dieser Allgegenwärtigkeit von Musikmedien in Kinder- und Jugendzimmern erstaunt es schon gewaltig, dass diese Medien in der bisherigen Betrachtung der Medienwelt praktisch völlig ausgeblendet wurden. Das mag auch damit zusammenhängen, dass man die Musik aufgrund ihrer Flüchtigkeit als «Zeitkunst» den anderen, mehr auf sinnlich-sichtbare Inhalte gestützten Medien wie dem Fernsehen nicht an die Seite stellen will. Doch auch mit Musik werden Inhalte transportiert. Abgesehen von Gesangstexten vermittelt jegliche Form von Musik immer auch eine Botschaft, nur dass diese weniger intellektuell als gefühlsmäßig erfasst wird. Ist sie deshalb aber weniger ernst zu nehmen? Ein noch genauer zu betrachtendes Phänomen, das hiermit in Zusammenhang steht, ist die Unterbewertung der musikalischen Erziehung in unseren Schulen, wo Musik immer noch als Stiefkind behandelt wird. Wehe, wenn das Kind nicht lesen und schreiben kann! Doch dass es nicht singen und zuhören kann, wen stört das schon …?

Musik ist ihrem Wesen nach aber eigentlich eine vergängliche Kunst, das heißt, sie lebt – anders als ein Gemälde oder eine Plastik – eigentlich immer nur in dem Augenblick, in dem sie hervorgebracht wird, dann verschwindet sie wieder. Auch die bewegten Bilder eines Theaterstückes oder Filmes kommen und gehen, sie sind aber jeweils als Bild körperlich präsenter als die einzelnen Töne einer Musik. Ein einzelner Ton wird noch nicht als Musik empfunden, ein zweiter auch nicht usw., sondern die eigentliche Musik empfindet man durch das, was sich zwischen den Tönen abspielt. Musik, richtig gehört, führt den Menschen eigentlich weg aus der Welt der Gegenstände. Deshalb verbinden sich auch Gefühle so leicht mit Musik, weil wir Melodien und Stimmungen einer Musik besonders leicht mit unserem Seelischen verbinden können. Nur allzu gerne halten wir deshalb diese Stimmungen fest, die eine bestimmte Musik in uns erzeugt, möchten sie nicht mehr loslassen. Daran knüpft sich dann auch das bekannte Phänomen des «Ohrwurms», der einem nicht mehr aus dem Kopf gehen will.

Gerade von Jugendlichen, deren Gefühlsleben sich während der Pubertät in starker Entwicklung befindet und labil ist, wird diese die Gefühle verstärkende Wirkung der Musik deshalb sehr gesucht. Ein bestimmter Song kann geradezu zu einer «Hymne» einer bestimmten Lebensphase und manchmal sogar einer ganzen Generation werden, weil er Ausdruck eben eines ganz bestimmten Lebensgefühls ist. Ein Beispiel aus jüngerer Zeit ist etwa der Song «Durch den Monsun» der deutschen Band *Tokio-Hotel*, bei dem Hunderttausende Mädchen in einen Zustand der Verzückung, oft am Rande der Ohnmacht, geraten, wobei hier verstärkend die optische Präsenz dieser androgynen Jungenband hinzukommt.

Was bedeutet Musik für die Gefühlswelt?

Die allseits verfügbaren Musikmedien lassen Musik auf diese Weise leicht zur Droge werden, ohne die man nicht mehr auskommt. Und hier beginnt die problematische Seite des Phänomens Musik. Hat man sich einmal an den «Kick», den Gefühle erzeugenden Effekt der Musik gewöhnt, möchte man ihn, wie

Warum Musik «süchtig» machen kann

73

einen «Schnuller», nicht mehr missen, man kommt ohne ihn eigentlich nicht mehr aus, weil es ansonsten düster in der eigenen Seele aussieht: Der MP3-Player (per Ohrstöpsel), die Musikanlage oder der PC verschaffen gute Laune auf Knopfdruck. Kinder und Jugendliche sind in dieser Hinsicht, anders als die Erwachsenen, nicht unbedingt in der Lage, dieser Abhängigkeit etwas entgegenzusetzen. Denn sie erleben sich nicht als passiv, weil es in ihrem Inneren ja auch sehr bewegt zugeht.

Gute Laune auf Knopfdruck

Diese innere Bewegung der Gefühlswelt gehört unabdingbar zur Entwicklung von Kindern und Jugendlichen während der Pubertät dazu, das Gefühlsleben will und muss sich ausbilden und reifen. Kann diese Reife aber allein aus passivem Konsum heraus erreicht werden? Wenn sich das Gefühlsleben ausschließlich «auf Knopfdruck» entwickelt, durch äußere Stimulation, besteht deutlich die Gefahr, dass die jungen Menschen im späteren Leben, gerade wenn es äußerlich turbulent zugeht, innerlich nichts entgegenzusetzen haben. Es entsteht eine Art seelischer «Dünnhäutigkeit».

Musik-Erleben ist selbst eine Kunst

Permanente Verfügbarkeit von Musik

Weil die konservierte Musik heute praktisch allgegenwärtig und überall abrufbar ist, wird aber die Problematik dieses Phänomens des ständigen Medienkonsums kaum noch bemerkt. Die «gute Laune auf Knopfdruck» wird auch von Erwachsenen häufig als etwas völlig Normales, zum Alltag Dazugehöriges erlebt. Dass die Kinder damit einen großen Teil ihrer Freizeit verbringen, fällt vielen Eltern deshalb kaum noch auf.

Dennoch sollte auch hier auf die Medienbalance geachtet werden. Denn wie schon beschrieben, führt die permanente Verfügbarkeit von Musik zu der Illusion, Musik sei tatsächlich einfach so verfügbar. Die beschriebene, Gefühle erzeugende und

74

verstärkende Wirkung der Musik kann nämlich leicht über ihren eigentlichen Charakter hinwegtäuschen. Musik ist ihrem Wesen nach nichts Beständiges, das man allgegenwärtig konservieren könnte, denn sie muss erzeugt werden, in jedem Augenblick. Jeder Musiker weiß das nur allzu gut, sonst wäre es auch nicht so schwer, ein Instrument zu beherrschen.

Musik ist etwas Kostbares, etwas, das manchmal nur für Augenblicke wirklich anwesend ist. Sie ist nicht wie ein Gemälde, eine Plastik oder auch ein Film visuell präsent, gegenwärtig, greifbar, sondern sie muss vom Musiker oder vom Musikensemble erst erzeugt werden, um dann für den «musikalischen Augenblick» erlebbar zu sein. Musik ist daher viel stärker auch ein Erzeugnis unseres Erinnerungsvermögens, das beim Zuhören oft höchste Aufmerksamkeit verlangt. Wie leicht passiert es uns, dass wir während eines Konzertes abschweifen und dem Verlauf eines Stückes nicht mehr folgen können. Daher erleben wir das Musikhören bei einem Livekonzert auch als eine Art Übung, bei der es uns je nach Konzentrationsfähigkeit mehr oder weniger gelingt, gut zuzuhören und damit in die Tiefe des Erlebens vorzudringen. Wie bei keiner anderen Kunstgattung haben wir bei der Musik den Eindruck, dass sich unser Erleben unendlich weit vertiefen ließe, wenn wir denn dazu in der Lage wären. Das macht eben auch den Reiz des Musikhörens aus.

Musik – ein Ereignis des Augenblicks

Als Anregung kann zu Hause durchaus auch eine CD gemeinsam gehört werden, etwa mit programmatischer Musik, bei der sich leicht innere Bilder einstellen, wie Mussorgskys *Bilder einer Ausstellung,* Saint-Saëns' *Karneval der Tiere* oder andere Programmmusik. An ihr kann nämlich das genaue Hinhören sehr schön geübt werden.

Diese Tiefendimension geht aber durch die ständige Verfügbarkeit von Musik auf Knopfdruck gänzlich verloren. Dann rauscht die Musik nur noch vorbei, abgesehen davon, dass anspruchsvolle Musik kaum nebenbei zu hören ist. Das führt wiederum dazu, dass ein an sich zur Vertiefung von Gefühlen

Lautstärke ersetzt Aufmerksamkeit

geeignetes Medium, nämlich die Musik, gerade zum Gegenteil hinführt, nämlich zur Verflachung der Gefühle. Denn wo nicht mehr richtig zugehört wird, kann auch kaum noch etwas erlebt werden. Da aber besonders Jugendliche nach gefühlshaltigen Erlebnissen suchen, muss an die Stelle der eigenen Höraktivität der äußere Reiz treten. Das ist dann zunächst einmal die Lautstärke, in der die Musik angehört wird. Sie ersetzt quasi die Notwendigkeit, aufmerksam zuzuhören.

Eine sehr gute und lesenswerte Analyse der akustischen «Vermüllung» unserer Umwelt hat Rüdiger Liedtke in seinem Buch *Die Vertreibung der Stille*[37] geschrieben. Er beschreibt sehr eindrucksvoll, wie ein an sich wertvolles und in allen Kulturen der Menschheit verbreitetes Phänomen wie die Musik zu einer uns als akustische Umweltverschmutzung bedrohenden Droge werden kann: «Doch sosehr Musik Ausdruck eines humanen Grundbedürfnisses ist, eine heiltherapeutische Funktion ausüben kann, der Lebensfreude, der Selbstfindung, der Geselligkeit dient, so sehr kann sie qualitativ zur lebensbedrohenden Droge und in akustischen Umweltschmutz umschlagen, kurz, sich in ihr Gegenteil verkehren. Denn der Mensch – mit seinen Ohren immer auf Empfang geschaltet – kann der akustischen Glocke, die von allen Seiten auf ihn einwirkt, nicht entkommen.»[38] Liedtke führt dazu sieben Kriterien an:[39]

1. Wenn sich Musik weitestgehend in die übrige akustische Schallumwelt der Geräusche einfügt, als deren integraler Bestandteil sie nur noch unbewusst wahrgenommen wird.
2. Wenn der Umgang mit Musik zum «Musikzwang» wird, das heißt zur ungewollten Rezeption von Musik.
3. Wenn Musik zum unliebsamen Geräusch wird.
4. Wenn Musik sich nichtkünstlerischen Intentionen, zum Beispiel Werbebotschaften, unterordnet.
5. Wenn Musik aufgelöst und wie «Klangstaub» verwendet wird, zum Beispiel in den Warteschleifen von Telefonanlagen oder als die vor allem bei Jugendlichen beliebten Klingeltöne!

76

6. Wenn der aktive Umgang mit Musik zum passiven Konsum vermarkteter Musikkonserven verkürzt wird, der anstelle eines lebendigen Wechselbezuges zwischen Zuhörer und Musiker tritt.
7. Wenn der einseitige, passiv konsumierende Umgang mit Musik zur Kanalisierung und Festlegung musikalischen Verhaltens führt und die bei aktiver musikalischer Betätigung feststellbare kreativitätsfördernde Wirkung der Musik ins Gegenteil umschlägt.

Als Fazit schreibt Liedtke denn auch: «Jugendliche und Erwachsene, die sich so gerne gemäß unserer Verfassung als mündige Bürger bezeichnen, befinden sich vielfach auf dem besten Wege, sich musikalisch entmündigen zu lassen und in einen musikalischen Analphabetismus abzusinken.»[40]

Lassen wir uns musikalisch entmündigen?

Zu diesen Phänomenen gehört außerdem, dass Kinder auch ohne ihren Willen einer ständigen Musikberieselung ausgesetzt werden, wenn beim Autofahren z.B. ständig das Autoradio mitläuft, wenn zu Hause ebenfalls immer das Radio an ist, ohne dass eigentlich jemand zuhört usw. Wie dem entgegengewirkt werden kann, soll gleich beschrieben werden.

Wie aber bereits erwähnt, soll die populäre Musik als Bestandteil jugendlicher Entwicklung nicht verteufelt werden. Doch sollte auch hier, wenn wir dem Konzept der Medienbalance folgen wollen, auf entsprechende Gegengewichte zu dem nur allzu leicht zur völligen Gewohnheit werdenden Musikkonsum geachtet werden.

Vom passiven zum aktiven Musikkonsum

Aktives
Musikhören
Bevor wir zum aktiven Musikmachen oder Musizieren kommen, möchte ich noch einige Gedanken zum Musikhören ausführen. Denn diese Tätigkeit muss nicht zwangsweise eine passive Angelegenheit bleiben. Auch das Musikhören kann aktiv betrieben werden. Dazu sind vor allem Orchesterkonzerte geeignet, bei denen der Dirigent eine Einführung gibt. In vielen Großstädten gibt es mittlerweile Orchester, die Konzertnachmittage für Kinder eingerichtet haben; in ihnen lässt der Dirigent den jungen Zuhörern einzelne Stellen eines Orchesterwerkes vorführen und erläutert sie. Dadurch kann das musikalische Hörvermögen schon vom ersten Schuljahr an sehr gefördert werden, selbst wenn der Musikunterricht in der Schule wieder einmal ausgefallen ist.

Konzertkarte
als Geschenk
Wie wäre es zum Beispiel, wenn man dem eigenen Kind statt einer neuen CD eine Konzert- oder Opernkarte schenken würde? Erstens wäre das ein gemeinsames Erlebnis der Eltern mit dem Kind, zweitens würde das Kind einmal Musik live gespielt erleben, und drittens wird es für lange Zeit ein unvergessenes Erlebnis bleiben. Für Kinder geeignet sind zum Beispiel Opern wie *Hänsel und Gretel*, Ballettaufführungen wie *Der Nussknacker* und Konzerte mit *Peter und der Wolf* oder *Der Karneval der Tiere*. Solche Erlebnisse sollte man den Kindern möglichst schon ab dem ersten Schulalter, parallel zum Erlernen eines Instrumentes, ermöglichen, weil erfahrungsgemäß mit der Pubertät das Interesse an der von den Eltern bevorzugten Musik stark nachlässt, auch aus Opposition.

Damit aber kommen wir zum Thema der musikalischen Erziehung, die genauso wie die sprachlich-literarische Erziehung («Literacy») bereits im frühkindlichen Alter einsetzen kann.

Musikalische Früherziehung

Wenn die Erziehung bei der Ausbildung von «Literacy» bereits im frühkindlichen Alter mit kleinen Sprach- und Fingerspielen beginnt, so ist es im Musikalischen das Singen. Dabei ist es heute leider nicht mehr selbstverständlich, dass Mütter oder Väter noch Wiegenlieder oder Kinderlieder beherrschen.

Dazu möchte ich an dieser Stelle den weltbekannten Dirigenten Nikolaus Harnoncourt zu Wort kommen lassen: «Wenn es heißt, meine Kinder können nicht singen, dann würde ich sagen, die Eltern sind schuld, weil sie nicht mit ihren Kindern gesungen haben. Es kann praktisch jeder singen. Er muss die Töne finden; um das zu können, muss er es von klein auf tun. Der unmusikalische Mensch ist der, der das Pech hat, dass er in seiner Umwelt keine Berührung mit Musik hatte. Wir sind uns weltweit einig, dass jeder Mensch ein Recht darauf hat, rechnen, schreiben und lesen zu lernen. Und daher sollte jeder Mensch auch singen lernen. Heute ist man leider nicht mehr der Meinung, dass die Schule auch die künstlerische Seite im Menschen zu bilden hat. Es gab früher keinen Volksschullehrer, der nicht singen, nicht Geige oder Klavier spielen konnte.»[41]

Jeder sollte singen lernen

Meiner Meinung nach wäre es in diesem Sinne aber vor allem wichtig, wenn sich Eltern im Zusammenhang mit der Erziehung ihrer Kinder von vornherein auf das Musikalische einlassen würden. Warum nicht parallel zur Schwangerschaftsgymnastik, die ja heute als selbstverständliche Vorbereitung auf die Geburt angesehen wird, einfach in einem Chor mitsingen oder anderweitig sich mit Musik beschäftigen? Es gibt für die emotionale Beziehung zwischen Kindern und Erwachsenen eigentlich kein geeigneteres Medium als eben die Musik.

Musik – ein wesentliches Medium zwischen Kindern und Erwachsenen

Auch wer meint, nicht gut oder richtig singen zu können, wird seinen Kindern etwas Gutes tun und allemal mehr menschliche Nähe erzeugen als die beste CD mit Kinderliedern.

Wer zum Singen mit Kindern von klein auf Anregungen

braucht, findet diese in der vorhandenen Literatur.[42] Den Wiegenliedern folgen die Kinderlieder, bei denen die Kinder natürlich auch mitsingen können. Es können dann aber auch erste Klanginstrumente hinzukommen, mit denen die Kleinen beginnen, das Reich der Töne zu erkunden. Zum Singen und Klingen tritt selbstverständlich auch die rhythmische Bewegung; die Kinder klatschen, gehen im Kreise usw. Die bekannte Musikpädagogin Dorothée Kreusch-Jacob schreibt dazu: «Kinder singen lieber und besser, wenn sie dabei nicht still sitzen müssen. ... Gerade bei den Kleinsten lässt sich dieses Zusammenspiel von Körper und Stimme beobachten. Vor- und Nachsingen, Rhythmus klopfen und zählen bleiben ohne Wirkung, wenn der ganze Körper nicht mitspielen kann.»[43] Nicht jede Mutter und nicht jeder Vater wird sich freilich das musikalische Spielen, Singen und Bewegen mit kleinen Kindern zutrauen. Dafür lassen sich jedoch genügend freie Angebote für musikalische Früherziehung finden, die von besonders ausgebildeten Musikpädagogen auch außerhalb des traditionellen Kindergartens angeboten werden.[44]

Für Kinder im Vorschulalter gibt es überdies auch eine ganze Reihe von speziell für dieses Alter entwickelten Klanginstrumenten, beispielsweise die *Kinderharfe*. Diese Instrumente schulen wegen des sehr zarten Klanges das Hörvermögen in besonderer Weise.

Dazu schreibt der Musikpädagoge Jürgen Knothe:[45] «Die Kinderharfe ist ein Saiteninstrument mit offenem Klangkörper, meist aus Ahornholz, das für Kindergarten und Vorschule entwickelt wurde. Die sieben Saiten des relativ kleinen Instruments sind über einen offenen Rahmen und eine Klangschale gespannt.

Das Instrument ist pentatonisch gestimmt. Die Klangskala ist noch nicht in Dur und Moll festgelegt. Schon beim Streichen über die Saiten entsteht ein zauberhafter, schwebender Klang, der dem kleineren Kind besser entspricht. Bewegungsspiele, Improvisationen sowie einfache Melodien lassen sich mit der Kinderharfe auch in Gruppen gut realisieren.»[46]

Anregungen zum Hörenlernen

Im Bereich des musikalischen Hörens ist es vielen Eltern nicht oder nur schwer möglich, gemeinsame Erfahrungen mit ihren Kindern zu machen. Doch zahlreiche Mütter und Väter möchten die Kinder dennoch ganz individuell in der eigenen Umgebung fördern. Ein erstes Herantasten an neue Hörerfahrungen soll hier angedeutet werden.

Hörlandschaften – kleine Wahrnehmungsübungen

In einem ersten Schritt geht es darum, mit dem Kind zusammen möglichst viele Geräusche in seinem direkten Umfeld zu entdecken. Eine Rundreise durch die verschiedenen Zimmer der Wohnung bietet sich dazu an. Was kann alles entdeckt werden? Zum Beispiel das Rauschen des Wassers in der Wasserleitung, die Geräusche von Küchengeräten, Reißverschlüssen und vieles andere mehr.

Weiterhin ist es möglich, die Entdeckungsreise nach draußen in die Natur zu verlegen. Dort werden vielleicht die Geräusche von Maschinen zunächst im Vordergrund stehen, Motoren, Straßenbahnen etc. Vielleicht hören wir auch das Lachen von anderen Kindern oder das Bellen eines Hundes ... Die Natur selbst bietet zahlreiche Geräuschkulissen, die beobachtet werden können, etwa bei einem Spaziergang: Wie klingt es, wenn der Wind durch die Bäume weht, wenn wir über Laub gehen, wenn Äste unter den Füßen zerbrechen oder ein Bach neben dem Weg entlang plätschert? Dabei können die Kinder dann beschreiben, was sie hören, ob es leise oder laut, hoch oder tief, hart oder weich, lustig oder traurig klingt.

Entdeckungsreisen in die Natur

Mit diesem ersten Üben entstehen für Kinder und Erwachsene neue, ungewohnte Erlebnisse, die aber auch eine tiefere Bindungsebene ermöglichen. Die Erwachsenen können dabei lernen, welche Geräusche ihnen und ihren Kindern gut tun und welche eben nicht.

Jedem Kind sein Instrument

Ab dem Schulalter hat dann das Kind die Möglichkeit, ein eigenes Instrument zu erlernen. Es kann nun den Schritt vom spielerischen zum bewusst lernenden Umgang mit Musik vollziehen. An vielen Grundschulen wird es daher heute schon praktiziert, dass der Instrumentallehrer während der Schulzeit in die Schule kommt, um dort den sonst am Nachmittag erteilten Instrumentalunterricht zu geben. An solchen Schulen stellt dann auch die Schule selbst die Instrumente leihweise zur Verfügung, damit das Kind zunächst einmal das für sich geeignete Instrument kennenlernen und erproben kann. Im Ruhrgebiet haben auf diese Weise in den letzten Jahren 7200 Kinder an 200 Grundschulen ein Instrument erlernen können.[47] Eine außerschulische Initiative dieser Art ist das Projekt «Zukunftsmusiker», das in den letzten Jahren, ausgehend von der Drogeriemarktkette «dm», in Deutschland große Beachtung gefunden hat.[48] Darüber hinaus gibt es natürlich immer noch das Angebot der traditionellen Musikschulen, die praktisch in jeder Stadt Deutschlands existieren.[49]

Instrumental- *unterricht* *im Schulalter*   Welches Instrument für welches Kind das richtige ist, kann das Kind unter Umständen noch nicht selbst beurteilen. Oft braucht es daher eine gewisse Erprobungsphase, bevor sich das entscheiden lässt. An allen Musikschulen gibt es heutzutage «Musikinstrumentenkarussells», wo das Kind sich zunächst ein für es geeignetes Instrument ausleihen und ausprobieren kann. Man braucht also keine Angst mehr zu haben, hier unnötiges Geld investieren zu müssen. Ideal ist natürlich eine Grundschule, die über genügend Instrumente zur Ausleihe verfügt, sodass die Kinder sich über längere Zeit erst mit dem Instrument ihrer Wahl vertraut machen können, bevor sich die Eltern zum Kauf entschließen.

Aber auch die Beratung durch den Instrumentallehrer ist hier eine große Hilfe, wie überhaupt die Beziehung zu einem Musiklehrer entscheidend für das Erlernen des Instrumentes sein

kann. Wichtig ist vor allem die Motivationshilfe des ausgebildeten Pädagogen. Zu Hause sollte dem natürlich nicht durch allzu
kritische Bemerkungen beim Üben entgegengearbeitet werden.
Positivität ist hier gefragt!

Die positiven Auswirkungen auf die Entwicklung

Dass durch Musik nicht nur *ein* Sinn, wie beim Medienkonsum, *Durch Musik*
sondern umfänglich alle Sinne angesprochen werden, braucht *werden alle*
wohl kaum weiter hervorgehoben zu werden. Insbesondere wer- *Sinne gebildet*
den natürlich der auditive Sinn, der visuelle Sinn und der Tastsinn
angesprochen.[50] Der Musikwissenschaftler Hans Günther Bastian
hat in einer Langzeitstudie, die seinerzeit großes Aufsehen erregt
hat und auch vom damaligen Innenminister Otto Schily zitiert
wurde, nachgewiesen, dass durch aktives Musizieren
– das Sozialverhalten verbessert wird
– der IQ-Wert gesteigert wird
– die schulischen Leistungen verbessert werden
– Konzentrationsmängel kompensiert werden.[51]

Auch der Hirnforscher Manfred Spitzer hat zu den positiven Auswirkungen der Musik auf die menschliche Entwicklung eine um-
fangreiche Studie veröffentlicht, in der insbesondere der günsti-
ge Einfluss des Musizierens auf die Hirnentwicklung ausführlich
nachgewiesen wird.[52]

   Nun gehört zum Musikmachen aber eine Fähigkeit dazu, die *Wer Musik*
viele Kinder und auch Jugendliche nicht unbedingt von Natur *macht, lernt*
aus besitzen: Ausdauer. Denn abgesehen von den körperlichen *zu üben und*
Schwierigkeiten (Haltung des Instrumentes, Ansatz beim Strei- *entwickelt*
chen oder Blasen etc.), die das Spielen eines Instrumentes mit *Ausdauer*
sich bringt, geht es schließlich um die Erzeugung eines schönen
Tones – und nicht nur eines Tones, sondern ganzer Melodien,

Sätze, Sonaten. Und um diese Ausdrucksform zu finden, die natürlich immer vom Gefühl begleitet werden muss, ist viel Zeit erforderlich. Und da hilft immer nur eines: üben, üben, üben! Denn gerade erfahrene Musiker und Musikerinnen, etwa die bekannte deutsche Geigerin Julia Fischer, wissen: Nur zehn Prozent ist Begabung, neunzig Prozent ist reiner Fleiß! Auch hier können Eltern immer wieder durch unterstützende positive Bemerkungen motivierend wirken.

Üben lohnt sich   Aber das Üben lohnt sich! Und das erst recht, wenn es auch mit anderen gemeinsam vollzogen werden kann. Was für ein Erfolgserlebnis ist es, wenn nach mühsamem Üben zu Hause am eigenen Instrument, danach bei der Orchesterprobe oder im Ensemble, schließlich gemeinsam mit den anderen jungen Musikern ein Bach, ein Mozart oder ein Gershwin vollendet aufgeführt werden kann und man danach befriedigt sagen kann: «Das war großartig, eine Sternstunde!» Solche Sternstunden ergeben sich aber durchaus auch schon bei den gemeinsamen Proben.

Gefühle dieser Art sind hart erarbeitet, oftmals sogar unter Schweiß und Tränen, sie verhelfen aber gerade Kindern und Jugendlichen zu innerer Stabilität, innerem Gleichgewicht. Und jeder, der Erlebnisse dieser Art schon einmal gehabt hat, wird es bestätigen, dass hier «Aktivkapital» für ein ganzes Leben gebildet wird.

Musik bildet den ganzen Menschen   Dabei sieht man, dass bei der Musik der ganze Mensch beansprucht wird: das Nerven-Sinnes-System mit fast allen Sinnen, der mittlere Mensch in der Ausbildung des musikalischen Empfindens und der Willensmensch bei der Beherrschung des Instrumentes durch die Gliedmaßen, aber auch durch das Erwerben von Ausdauer.

Was hat es mit elektronischen Instrumenten und Musik am Computer auf sich?

Nun gibt es neben den klassischen Musikinstrumenten aber auch eine große Anzahl elektronischer Musikinstrumente, die vor allem bei vielen Jugendlichen beliebt sind. Wie lassen sich diese im Hinblick auf die Medienbalance beurteilen?

Gehen wir dazu wieder von unserer Ausgangsfrage nach Aktiva und Passiva aus, so lässt sich leicht feststellen, dass eine elektronisch verstärkte Gitarre zwar anders klingt als eine akustische, sie muss aber dennoch wie eine akustische Gitarre auch gespielt werden: Es muss geübt werden, sonst wird daraus nichts, man kann sie mit anderen gemeinsam spielen etc. Hier ist also im Prinzip dieselbe Aktivität wie bei einem anderen Instrument erforderlich.

Die E-Gitarre

Anders wird das aber bei jeglicher Form von computergestützter Musik, wo nicht der Spieler allein den Klang erzeugt, sondern wo dieser mithilfe sogenannter «Samples»[53] unterstützt wird. Ich nehme als Beispiel hierfür das einschlägig bekannte «Keyboard». Ein solches Instrument sieht zunächst wie ein Tasteninstrument aus. Mithilfe von computergesteuerten «Styles» wird aus ihm aber leicht eine ganze Band, ein ganzes Orchester oder auch ein völlig anderes Instrument, beispielsweise eine E-Gitarre. Der Spieler verfügt hier erstens über die Möglichkeit, mit einfachen Akkordfolgen die sogenannte «Begleitautomatik» zu steuern, die, je nach Ausstattung des Instrumentes, ein ganzes Ensemble von zusätzlichen Instrumenten – Bass, Schlagzeug, Streicher, Bläser etc. – erklingen lässt. Und der Spieler verfügt zusätzlich zu einem herkömmlichen Klavier über eine Unzahl von anderen Klängen, die aber größtenteils gar keine Tasteninstrumente mehr sind, sondern etwa eine Trompete, eine Geige oder anderes, die er im Normalfall natürlich gar nicht beherrscht.

Computergestützte Musik – das «Keyboard»

Solche Keyboards gibt es heutzutage in jedem Musikhaus und

natürlich im Internet relativ preisgünstig zu kaufen. Da verlockt dann zum einen der gegenüber einem herkömmlichen Instrument vergleichbar niedrige Preis, zum anderen aber auch die Möglichkeit, ohne große musikalische Fähigkeiten ein ganzes Ensemble erklingen zu lassen.[54] Was aber ist damit erreicht?

Aufgrund unseres Verständnisses der Medienbalance können wir leicht erkennen, dass der junge Spieler zwar leicht in die Tasten greift, dass aber ein großer Teil der erklingenden Musik gar nicht von ihm gespielt, sondern durch die von der Begleitautomatik erzeugten «Samples» hervorgebracht wird. Das mag mitunter gigantisch klingen, ist aber in Wirklichkeit, sobald man nämlich die Begleitautomatik abschaltet, nichts weiter als ein paar simple Akkorde mit einer einfachen, meistens einfingrig gespielten Melodie in der rechten Hand. Das heißt, die Aktivität ist denkbar gering, das meiste von dem, was von solchen Keyboards zu hören ist, kommt, wie die sonstige Konservenmusik, auch hier aus einem Speicher.

Midi-Files Noch weitere Möglichkeiten bieten Keyboards durch die so genannten «Midi-Files»[55]. Das sind ebenfalls elektronisch gespeicherte Informationen, die über das Keyboard abgespielt ganze Songs ertönen lassen. Dann braucht der Spieler fast gar nichts mehr zu machen, der Song läuft vorgefertigt ab, und der Spieler spielt allenfalls noch die Melodiestimme dazu. Es klingt zwar wie ein ganzes Orchester, effektiv werden aber nur ein paar Melodietöne mit der rechten Hand gespielt – eine fast perfekte Illusion. Mit aktivem Musizieren oder gar dem Beherrschen eines realen Instrumentes hat diese Art von Musik allerdings nicht mehr viel zu tun, denn der Spieler bleibt trotz allem Getöse weitgehend passiv. Das Gros dessen, was da zu hören ist, kommt, wie bei einem MP3-Player, aus dem Speicher.

Musik am PC Wieder andere Wege geht die von einem PC aus gesteuerte Musik, zu der man nur noch eine an den Rechner angeschlossene Tastatur braucht, über die dann im Rechner (der mit entsprechender Musiksoftware ausgestattet sein muss) und durch angeschlossene Lautsprecher oder Kopfhörer ein ganzer Kosmos von Musik, ähnlich wie in der professionellen Musikproduktion, erklingen kann. Was hier ertönt, sind aber ebenfalls nur «gesampelte» Tonkonserven. Das heißt, der Spieler bedient eigentlich kein Instrument mehr, sondern ruft über die Tastatur lediglich elektronisch gespeicherte Daten, eben die «Samples», ab.

Insofern haben wir es auch hier kaum noch mit aktiv erzeugter Musik zu tun, sondern letztlich, durch eine raffinierte Technik verschleiert, mit einer passiven Hervorbringung von Musik, die sich nur noch graduell vom Knopfdruck auf den Speicher des MP3-Players unterscheidet. Zwar sind erhebliche technische Kenntnisse erforderlich, um eine solche elektronische Musik zu produzieren, diese Kenntnisse haben dann aber mit Musik im eigentlichen Sinne nichts mehr zu tun. Denn bei einem realen Musikinstrument gehört zum Musikmachen immer die direkt auf den Klang einwirkende musikalische Fähigkeit, weshalb sich ja auch der Geigenton einer Julia Fischer vom Geigenton einer kleinen Anfängerin unterscheidet, und zwar nicht deshalb, weil Julia Fischer die teurere Geige besitzt, sondern weil sie entsprechend lange geübt hat. Sie hat geübt, einen real von ihr selbst erzeugten Klang mithilfe einer Geige hervorzubringen. Und darin besteht nun einmal die aktive Seite des Musizierens.

Passives oder aktives Musizieren

Musik in der Pubertät

Im Pubertätsalter suchen die Jugendlichen gerade durch Musik nach Gefühlserlebnissen, die häufig auch mit der Suche nach der eigenen Identität zu tun haben. Daher spielen in dieser Zeit besonders Sänger oder Sängerinnen mit einer bestimmten Textbotschaft und dem entsprechenden Aussehen als Identifikationsfiguren eine große Rolle. Dazu gehören dann auch Konzertbesuche, in denen das bewunderte Idol live erlebt werden kann.

Musik und Identitätssuche

Die meisten dieser Konzerte, welcher Richtung auch immer, sind heutzutage aber solche Massenveranstaltungen, dass das Erleben auch hier rein medialer Natur ist. Das heißt, die Zuschauer befinden sich meist so weit von der Bühne entfernt, dass die geliebten Idole nur so klein wie Streichhölzer erscheinen und das eigentliche Bild dann auf einer Großleinwand zu sehen ist. Abgehen davon ist auch das akustische Erleben hier nicht nur von Lautstärken geprägt, die häufig über der Schmerzgrenze liegen, sondern auch vom häufig schlecht ausgesteuerten Klang, sodass die geliebten Songs dann unter Umständen viel schlechter klingen als zu Hause. Der dionysische Rausch, den solche Konzertereignisse versprechen, zieht oft doch nur einen unnötig teuren Kater nach sich. Deshalb sollte man hier auf das Budget achten, das durch solche Konzerte belastet wird.

Auch für derartige Erlebnisse gilt, dass sie in dem Maße verträglich sind, wie ihnen andere Musikerfahrungen, zum Beispiel beim gemeinsamen Musizieren in einem Schulorchester oder beim Auftritt mit einem großen Chor, gegenüberstehen. Diese Erfahrungen werden nämlich auch noch während und nach der Pubertät als etwas durchaus Besonderes geschätzt.

Beim Medium Musik wird bekanntlich nicht leicht eine Einigkeit darüber zu erzielen sein, ob eine bestimmte Musikrichtung nun gut oder schlecht sei. Denn das musikalische Erleben ist zunächst immer stark an das Gefühl und den persönlichen Geschmack gebunden, über den sich bekanntlich leicht streiten lässt. Deshalb sollte besonders ab der Pubertät vermieden werden, eine Musikrichtung gegen eine andere, also etwa klassische Musik gegen Pop- oder Rockmusik, auszuspielen. Entscheidend ist nämlich im Hinblick auf unsere Medienbalance nicht die Musikgattung, sondern die Tatsache, ob es sich um rein passiven Konsum von Musik oder aktives Musikmachen bzw. Musikerleben handelt.

Das Gleichgewicht finden

Wie schon erwähnt, steht die Musik in sehr engem Zusammenhang mit unserem Bewegungsdrang. Nicht nur beim kleinen Kind, sondern besonders auch im Jugendalter will sich dieser Drang ausleben. Dazu ist das Erlernen von Tänzen eine ideale Gelegenheit. Ob man nun zum eher traditionellen Volkstanz, zum Gesellschaftstanz oder zu eher akrobatischen modernen Stilrichtungen wie dem Breakdance neigt, wird sich von Fall zu Fall und abhängig vom Alter individuell entscheiden. *Tanz und Musik*

Auch die durch Rudolf Steiner inaugurierte neue Bewegungskunst der Eurythmie ist hierbei zu erwähnen. Denn sie lässt sich nicht nur bereits vom Kleinkindalter an ausführen, sie beansprucht ebenso wie das Erlernen eines Instrumentes den ganzen Menschen, nur dass hierbei der eigene Leib das Instrument bildet. Geht es doch bei den eurythmischen Bewegungen vor allem darum, den seelischen Ausdruck der Musik durch den Tönen der Musik entsprechende Bewegungen zum Ausdruck zu bringen.[56] *Eine neue Bewegungskunst: Eurythmie*

Im Sinne unserer Medienbalance können wir abschließend festhalten, dass es zu der passiven Seite des allgegenwärtigen Musikkonsums genügend Möglichkeiten auf der aktiven Seite gibt. Aber auch hier ist der Umgang mit der Zeit entscheidend. Ein Überblick über die aktiven und die passiven Tätigkeiten im Bereich der Musik ergibt sich meist erst dann, wenn man die zeitliche Komponente mit berücksichtigt und darauf achtet, dass dem passiven Musikkonsum genügend aktive musikalische Tätigkeiten gegenüberstehen. Schauen wir dazu noch einmal auf unser Bilanzschema:

seelischer Bereich	aktiv	passiv
Empfindungsvermögen, Fühlen	musizieren singen tanzen Vogelstimmen hören	MP3-Player, Radio, CDs hören, Keyboard spielen Musik am PC

Vielfältige
Wirkungen
aktiven
Musizierens
Wie wir gesehen haben, wirkt aber gerade die aktiv ausgeübte Musik nicht nur auf den Gefühlsbereich, sondern im Prinzip von der Mitte aus auf den ganzen Menschen, denn durch sie wird nicht nur die Intelligenzentwicklung ausgebildet, sondern beim Tanz oder beim Erlernen von Instrumenten auch die Bewegungsfähigkeit, die Grob- und die Feinmotorik.

Mit diesen aktiven Elementen kann die bloß konsumierende Seite der Musikbeschäftigung ausgeglichen werden. Zu dem rein passiven Erleben von Musik tritt eine aktive, mit allen Sinnen erfahrbare reale musikalische Erfahrung. Sie gehört, wenn sie sich beim gemeinsamen Musizieren, Singen oder Tanzen ergibt, zum Schönsten, was Menschen miteinander kulturell hervorbringen können.

Vogelstimmen – Musik in freier Natur

Den Hörsinn
schulen
Ähnlich wie für den Bereich der Denk- und Vorstellungskräfte der Sternenhimmel eine Anregung aus der Natur bietet, sind es für den Bereich des Empfindungsvermögens die Stimmen und der Gesang der Vögel. Besonders im Frühjahr, wenn schon am frühen Morgen überall in unseren Gärten, Parks und Wäldern die Vögel mit ihrem Gesang beginnen, lassen sich hier mit Kindern wunderschöne Beobachtungen machen. Das setzt natürlich voraus, dass sich der Erwachsene, ähnlich wie für den Sternenhimmel, für diesen Bereich der Natur interessiert.[57] Auch hier geht es wie beim aktiven Musikhören darum, den Hörsinn zu schulen und für die Unterschiedlichkeit der Gesänge aufmerksam zu werden. Dabei werden auch wieder die Gedächtniskräfte, ähnlich wie beim Einprägen der Sternbilder, geschult. Auf diese Weise lässt sich jedenfalls das musikalische Empfinden auch in der freien Natur bereichern.

90

Was wird hier gespielt?

Warum wir den Computern nicht die Erziehung unserer Kinder überlassen sollten

Wir kommen nun zur dritten und letzten Betrachtungsebene unserer Medienbalance, der Ebene des Willens, der Handlungen und des Sozialen. Hier stoßen wir bei den Medien auf die sich immer weiter ausbreitenden Computerspiele, das Internet und in gewissem Sinne auch auf die Handys. Nach einer eingehenden Untersuchung dieser Medien werden wir ihnen das Spielen im Freien, das sportliche Spiel, die Erlebnispädagogik, das Theaterspiel, die Zirkuspädagogik und das soziale Engagement gegenüberstellen. Wir werden später noch sehen, warum.

Auf das Thema Computerspiele gehe ich hier besonders detailliert ein, denn erfahrungsgemäß besitzen viele Eltern sehr wenig Hintergrundwissen über diese Spiele. Daher habe ich mich bemüht, auch durch ausführliche Anmerkungen detaillierte Informationen zu geben, damit man sich umfassend über das Phänomen der Computerspiele aufklären kann.

Verbreitung und Bedeutung des Computers Schauen wir auch hier zunächst wieder auf die Verbreitung und die Bedeutung, die Computer für Kinder und Jugendliche heute haben. Leider sind die diesbezüglichen Daten der KIM- und der JIM-Studie nicht direkt parallelisierbar. Nehmen wir die Sechs- bis Dreizehnjährigen in den Blick, dann sehen wir, dass – mit steigender Tendenz – über achtzig Prozent aller Kinder einen Computer nutzen, wenn auch noch nicht selbst besitzen (S. 95 oben). Differenziert man die Tätigkeiten am Computer, liegen bei den Jungen die Spiele weit vor den Hausarbeiten, bei den Mädchen liegen sie mit den Hausarbeiten etwa gleich auf (S. 95 unten).

Bei den nachfolgenden Befragungen der Jugendlichen zwischen zwölf und neunzehn Jahren wurde nun nach dem Computerbesitz gefragt (S. 96). Hier haben ebenfalls – mit steigender Tendenz – 67 Prozent aller Jugendlichen einen eigenen Computer. Hinsichtlich der Nutzung des Computers liegen bei den Jungen die Computerspiele auf gleicher Höhe mit den Hausarbeiten, und zwar bei 50 Prozent, bei den Mädchen haben die Hausarbeiten am Computer eindeutig Vorrang. Das heißt, 50

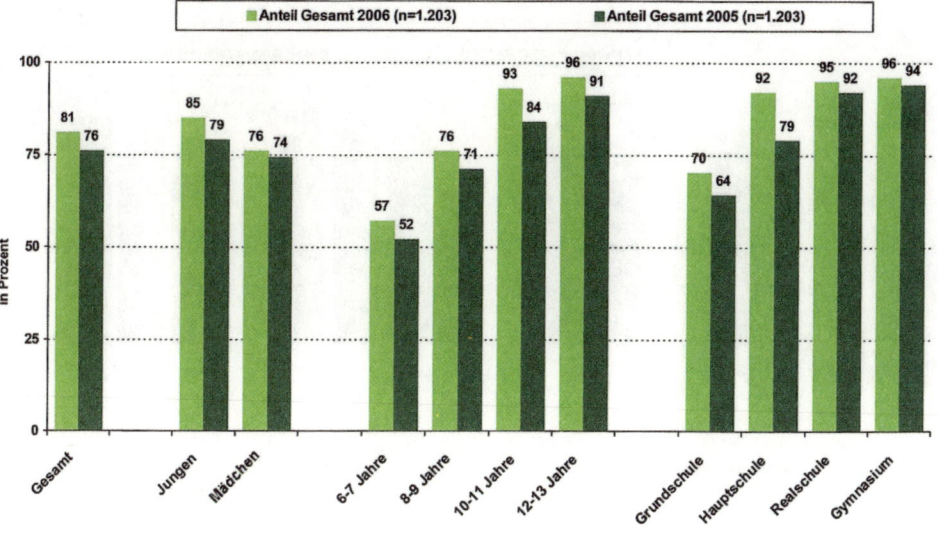

Kinder und Computer 2006 / 2005
- Nutzung zumindest selten-

Anteil Gesamt 2006 (n=1.203) Anteil Gesamt 2005 (n=1.203)

Quelle: KIM-Studie 2006, KIM-Studie 2005

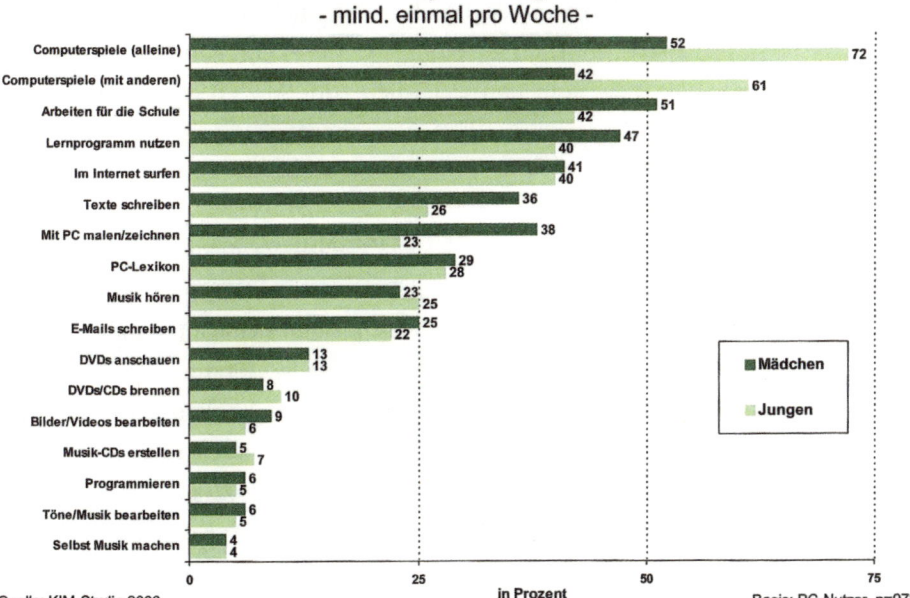

Kinder und Computertätigkeiten 2006
- mind. einmal pro Woche -

Quelle: KIM-Studie 2006 Basis: PC-Nutzer. n=972

KIM-Studie 2005/2006: Computernutzung von Sechs- bis Dreizehnjährigen.

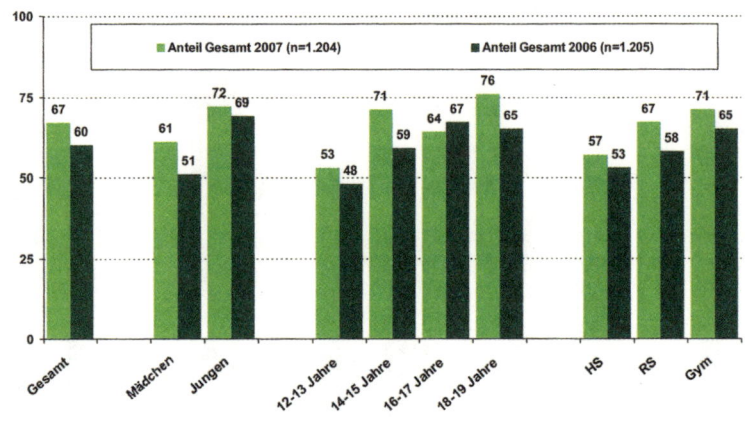

Habe einen eigenen Computer/Laptop 2007 / 2006

Quelle: JIM 2007, JIM 2006, Angaben in Prozent   Basis: alle Befragten

JIM-Studie 2006/2007: Computerbesitz von Zwölf- bis Neunzehnjährigen

Prozent aller Jungen in diesem Alter spielen Computerspiele, unter ihnen 65 Prozent täglich bis mehrmals pro Woche.

Es ist also ersichtlich, dass der Computer von Kindern und Jugendlichen insgesamt hauptsächlich zum Spielen genutzt wird.

Ein erster Überblick über das Phänomen

Zunächst soll ein Blick auf das Phänomen «Computerspiele» als solches geworfen werden, weil nicht vorausgesetzt werden kann, dass es in seiner Vielschichtigkeit hinreichend bekannt ist.

Die Games-industrie – Motor der Entwicklung Die Medien- und Unterhaltungsindustrie entwickelt sich in rasantem Tempo, und immer deutlicher wird dabei, dass Computer und Internet die bisherigen Leitmedien der Branche – Film, Fernsehen und Musik – ablösen werden. Treibender Motor dieser Entwicklung ist die Gamesindustrie, das Geschäft mit Video- und Computerspielen.

Offline-Tätigkeiten 2007
- täglich/mehrmals pro Woche -

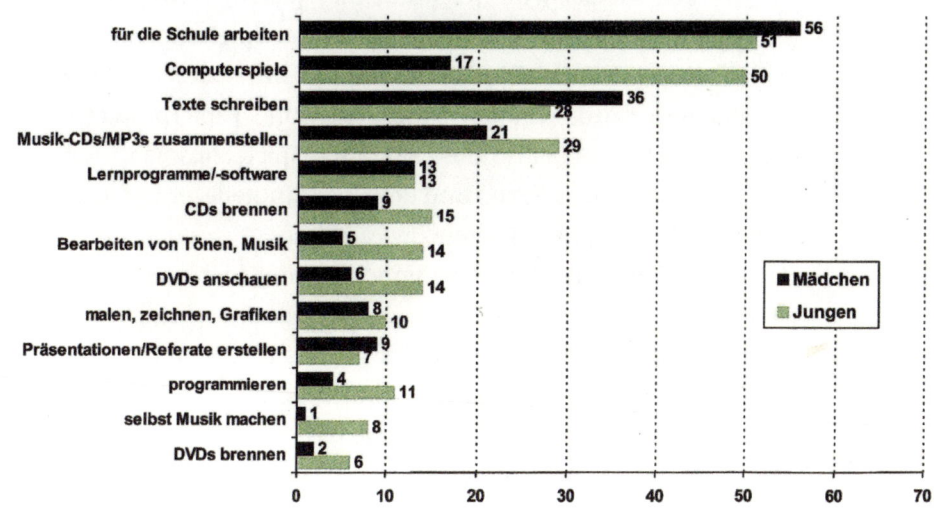

Quelle: JIM 2007, Angaben in Prozent — Basis: PC-Nutzer, n=1.161

Computerspiele: Nutzungsfrequenz der Spieler 2007 / 2006
- täglich/mehrmals pro Woche -

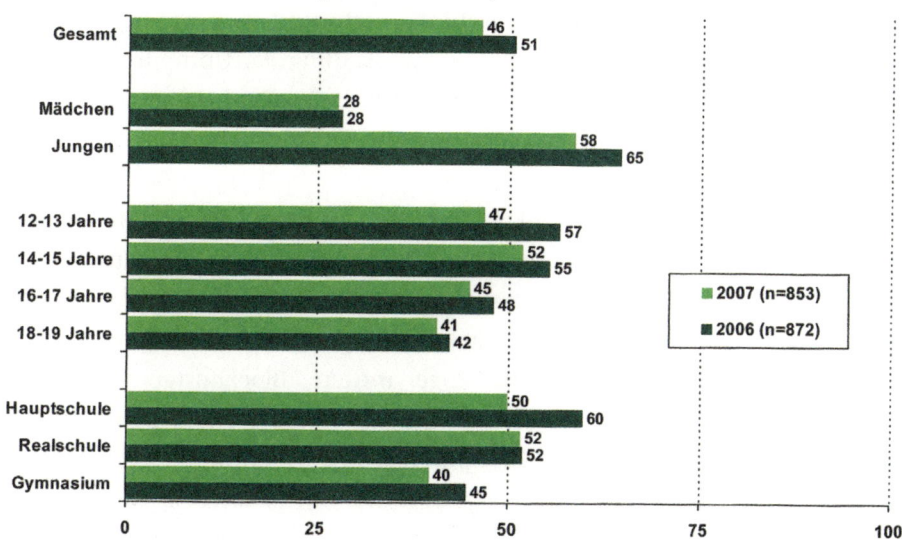

Quelle: JIM 2007, JIM 2006, Angaben in Prozent — Basis: Nutzer von PC-Spielen

Die Hauptakteure der Gamesbranche sind auf der einen Seite die Spieleentwickler (Autoren) und die Spielehersteller (Verlage), die für die Software, also den Inhalt der Spiele, sorgen, auf der anderen Seite die Entwickler und Hersteller der Hardware (bei Büchern würde das den Druckereien und Papierproduzenten entsprechen), die also die Computer, Spielekonsolen[58] (z.B. eine Playstation oder XBox) und deren Bestandteile, etwa Grafikkarten und Chips, produzieren.

Computer-spiele erfordern ständig neue Hardware und Software

Ein Indikator für den Paradigmenwechsel, der hier in den letzten zehn Jahren stattgefunden hat, ist die Tatsache, dass der weltweit größte Software-Hersteller Microsoft erst relativ spät die Brisanz dieser Entwicklung erkannt hat, um dann mit aller Macht seine XBox360 und die dazu passende Software gegen die Konkurrenz von Sony und Nintendo auf den Markt zu bringen.[59] Es zeigt sich nämlich, dass die Entwicklung der gesamten Computerbranche zunehmend von der Entwicklung der Spielebranche abhängig ist und von ihr vorangetrieben wird. Für die Bewältigung der täglich anfallenden Büroarbeit braucht man inzwischen keine neuen Maschinen mehr und auch nur noch gelegentlich neue Software. Die Entwicklung der Computerspiele erfordert hingegen ständig neue und schnellere Hardware, vor allem Grafikkarten und Rechnerchips[60] sowie eben auch neue Software in Form neuer Spiele.

Die Spiele-industrie – eine junge Branche

Des Weiteren war in den letzten Jahren zu beobachten, dass sowohl Filmemacher wie Steven Spielberg als auch Buchautoren wie Tom Clancy in die Spieleindustrie eingestiegen und zu Bestsellerautoren dieser noch relativ jungen Branche aufgestiegen sind.[61] Ferner werden die sogenannten «Blockbuster»-Spielfilme, die mehrere hundert Millionen Dollar kosten, heute zugleich als Video- und Computerspiele auf den Markt gebracht, weil sich die immensen Investitionen nur dadurch in Gewinne umwandeln lassen, vor allem aber, weil alle diese Filme mittlerweile mit hochtechnisierten Computeranimationen hergestellt werden, die mehr oder weniger auch die Grundlage für alle

Computerspiele sind. Auch ist zu beobachten, dass es immer mehr Filme gibt, die auf der Vorlage eines Computerspiels beruhen.[62]

Hinzu kommt aber auch, dass die Hauptzielgruppe solcher Filme, die Jugendlichen zwischen zwölf und zwanzig Jahren, inzwischen lieber am Bildschirm spielen als sich «nur» einen Film anzuschauen. Nach Ansicht von Ulrich Weinberg, Professor für Computeranimation an der Hochschule für Film und Fernsehen in Babelsberg, fließen in den Computerspielen als den komplexesten aller digitalen Medienprodukte alle bisher bekannten Medien zusammen (Kino, Fernsehen) und werden um den Faktor der «Interaktion» ergänzt. Daher werden virtuelle Benutzeroberflächen, wie sie für Computerspiele selbstverständlich sind, die Benutzeroberflächen aller anderen Medien revolutionieren.[63]

In den Computerspielen fließen alle Medien zusammen

Die Entwicklung in Zahlen

Schauen wir zunächst auf einige Zahlen, die die angedeutete Entwicklung verdeutlichen: Die Softwareindustrie der Computer- und Videospiele (also die Autoren und Verlage der Branche) nähert sich mit einem weltweiten Umsatz von über 30 Milliarden Euro im Jahre 2006 dem Umsatz der Musikindustrie (jährlich ca. 40 Milliarden Euro).[64] Um nur ein Beispiel zu nennen: So konnte der Ego-Shooter-Verkaufshit *Halo 3* für die Xbox 360 von Microsoft innerhalb von nur einer Woche im September 2007 in den USA einen Umsatz in Höhe von mehr als 300 Mio. US-Dollar erzielen, der Kinokassen-Schlager *Spiderman 3* in einem vergleichbaren Zeitraum in den USA dagegen nur 151 Mio. Dollar.[65]

Nach Prognosen des Wirtschaftsinstituts PriceWaterhouse-Coopers (PWC) wird der Jahresumsatz der Spielebranche bis 2009 auf 50 Milliarden Euro steigen, das entspricht jährlichen

Die Software-industrie der Spielebranche

Wachstumsraten von über 20 Prozent! Dabei sind die treibenden Märkte Nordamerika, Korea, Japan, China und Europa. In Europa wird bis 2009 das größte Wachstumspotenzial erwartet, da die übrigen Regionen annähernd gesättigt sind.[66]

Mehrere hundert Millionen Spieler Weltweit spielen mit stetig steigender Tendenz mehrere hundert Millionen Kinder, Jugendliche und zunehmend auch Erwachsene mit Games auf Computern und Konsolen, davon ca. 40 Millionen mit Online-Rollenspielen im Internet.

Welche Inhalte haben nun die Video- und Computerspiele, welche werden von Kindern und Jugendlichen, welche von Erwachsenen bevorzugt und warum?

Die Spielegenres, ihre Inhalte und ihre Verbreitung – ein Überblick

«Schlechte» und «wertvolle» Spiele unterscheiden? Bei der Untersuchung von Video- oder Computerspielen wird häufig die fragwürdige Unterscheidung zwischen einer kleinen Gruppe «schlechter» oder «böser» Spiele, den sogenannten «Ego-Shootern»[67], und dem Rest der «guten» oder «pädagogisch wertvollen» Spiele getroffen. Dabei wird meistens auf die USK[68] hingewiesen, die die Spiele, nach Altersgruppen unterteilt, zulässt und damit verhindert, dass zu junge Spieler an «schlechte» Spiele herankommen (s. Grafik S. 101). Dazu muss man jedoch wissen, dass die bereits zitierte JIM-Studie eindeutig nachweist: Über 60 Prozent der Jugendlichen haben bereits Spiele gespielt, die für ihr Alter nicht zugelassen sind, und 75 Prozent schätzen die Möglichkeit, an solche Spiele heranzukommen, als einfach ein.

Entscheidender für eine Beurteilung der Spiele ist die Tatsache, dass sie alle nach ein und derselben Logik, nämlich der der Computer, programmiert sind.

100

Spiel	USK-Kennzeichnung (aktualisiert)	12–13 Jahre	14–15 Jahre	16–17 Jahre	18–19 Jahre
Counter-Strike	16	28	49	47	49
Command and Conquer (Basisspiel)	16	28	41	38	48
Resident Evil Outbreak	18	14	19	20	19
Call of Duty	18	10	19	20	19
Far Cry	18	4	17	14	10
True-Crime: Streets of L.A.	18	11	13	12	8
Painkiller	18	4	8	9	3
Max Payne	indiziert	15	32	37	36
From Dusk till Dawn	indiziert	3	4	6	4
Manhunt	indiziert	3	3	3	4

Nutzung ausgewählter nicht jugendgeeigneter Computerspiele. Quelle: JIM-Studie 2004. Basis: Nutzer von PC-Spielen, n = 721. Die beiden ersten Spiele wurden wegen ihrer Popularität mit aufgenommen.

Wenn man nur die Oberfläche betrachtet, dann lassen sich unterscheiden:

1. Action-, Strategie-, Rollen- und Sportspiele, bei denen es immer darum geht, einen vermeintlichen Gegner unter Aufbietung von mehr oder weniger Gewalt zu besiegen bzw. zu töten.
2. Adventure-, Geschicklichkeits- und Intelligenzspiele, bei denen der Spieler wie bei klassischen Rätselaufgaben eine gestellte Aufgabe unter Anwendung seiner Intelligenz lösen muss.
3. Simulationsspiele, bei denen reale Vorgänge des praktischen oder technischen Lebens nachgespielt werden.

Bei allen Spielen der ersten Gattung spielt Gewalt eine mehr oder weniger vorherrschende Rolle, und zwar nach dem klassischen Muster darwinistischer Evolutionsvorstellungen. Bei allen Spielen der zweiten Gattung handelt es sich dagegen um Inhalte, die die Intelligenz des Spielers fordern und durchaus mit klassischen,

Drei Spielegattungen

101

Computerspiele mit Altersbegrenzung
Beschaffungsmöglichkeit Spiele, für die man zu jung ist

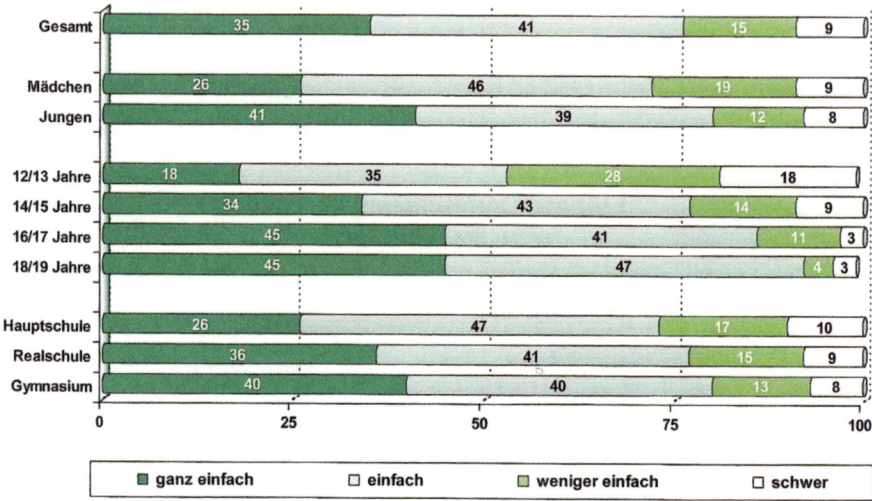

	ganz einfach	einfach	weniger einfach	schwer
Gesamt	35	41	15	9
Mädchen	26	46	19	9
Jungen	41	39	12	8
12/13 Jahre	18	35	28	18
14/15 Jahre	34	43	14	9
16/17 Jahre	45	41	11	3
18/19 Jahre	45	47	4	3
Hauptschule	26	47	17	10
Realschule	36	41	15	9
Gymnasium	40	40	13	8

Quelle: JIM 2005, Angaben in Prozent   Basis: Nutzer v. PC-Spielen, denen Spiele mit Altersbegrenzung bekannt sind, n=819

nicht an Computer gebundenen Inhalten, etwa Logikrätseln, vergleichbar sind.

Schaut man auf die Verteilung nach Nutzern, so zeigt sich sehr schnell, dass Jungen und männliche junge Erwachsene überwiegend Spiele der ersten Gattung bevorzugen, Mädchen, Frauen und erwachsene Spieler dagegen solche der zweiten und dritten Gattung.[69]

Ein Blick unter die Oberfläche

Schauen wir nun unter die Oberfläche der Spiele der ersten Gattung, können wir leicht feststellen, dass ein Spiel wie etwa *Lego-StarWars*, das für Kinder ab sechs Jahren zugelassen ist (hier geht es darum, möglichst viele Lego-förmige Gegner zu zerstören), sich vom Prinzip und den Regeln her praktisch gar nicht von einem Actionrollenspiel wie *Fable – The lost chapters* (ab zwölf Jahren, hier geht es um die Erfüllung von »Missionen« in einer Fantasy-Umgebung à la Tolkien) oder einem brutalen Actionspiel wie *Splinter Cell* (ab sechzehn, hyperrealistische Action im Terrorismus-Milieu) unterscheidet.[70] Eltern, denen man unter diesem Gesichtspunkt die ab sechs Jahren zugelassenen Spiele

102

vorführt, erschrecken, wenn sie sich dieser Tatsache bewusst werden. In allen Spielen geht es um die möglichst geschickte (d.h. den Gegner ausschaltende) Bedienung der Spielsteuerung mithilfe der Tastatur oder des Gamepads. Diese Steuerung folgt den Regeln der Computersteuerung und ist unumgänglich mit jedem Spiel verbunden. Hinzu kommt in fast allen Spielen ein kompliziertes Regelwerk, das besonders bei den Online-Rollenspielen mehrere hundert Seiten umfassen kann.

Keine Empathie – das Geheimnis der Spiegelneurone

All diesen Regeln und Steuermechanismen unterwerfen sich nun die Kinder und Jugendlichen mit großer Begeisterung. Wie auch bei allen Intelligenzspielen kommt es hierbei nicht darauf an, sich emotional oder gar empathisch (wie etwa beim Anschauen eines Films[71] oder beim Lesen eines Buches) zu engagieren – im Gegenteil, das würde nur stören. Dazu der Medienwirkungsforscher Jürgen Fritz: «Wenn sich die Frage nach der Gefährdung durch Computerspiele unter Rückgriff auf die möglichen Wirkungen nicht beantworten lässt, so kann man sich zumindest fragen, was Computerspiele in Hinblick auf den Gefährdungsaspekt nicht bewirken. Und hier wird man rasch fündig: *Sie bewirken keine Empathie.* Das Gegenüber im Computerspiel fordert nicht zum Mitgefühl heraus. Virtuelle Gegner kennen keine Gefühle, sie besitzen keine Empathie. Ihr Handeln folgt ausschließlich programmierten Algorithmen. Computerspieler müssen sich darauf einstellen, wenn sie gewinnen wollen. Und sie tun es auch, denn ihr gutes Gefühl, das sie im Spiel und danach haben wollen, hängt davon ab, keine Empathie zu entwickeln. Sie müssen lernen, dass Gefühle und Empathie in der virtuellen Welt nichts zu suchen haben.»[72]

Computerspiele regen keine Gefühle an

103

Zu dieser Feststellung von Jürgen Fritz kann man einige Ergebnisse der Hirnforschung hinzufügen, wie sie besonders deutlich von Joachim Bauer dargestellt wurden. [73] Die sogenannten «Spiegelneurone» sorgen dafür, dass bei der Beobachtung einer Handlung eines anderen Menschen im Gehirn des Beobachters exakt derselbe Vorgang abläuft wie im Gehirn des handelnden Menschen. Diese Spiegelfunktion ist auch tätig, wenn es um emotionale Vorgänge geht.

Wie kommt Mitgefühl zustande?

Dadurch ist erklärbar, wie es zum Phänomen der Empathie kommt: Erfahre ich durch einen Menschen, was diesem widerfahren ist, so bilde ich den entsprechenden Vorgang innerlich nach, dabei werden die Spiegelneurone aktiv und bewirken das entsprechende Gefühl in mir. Empathie ist also auch auf der physiologischen Ebene ein Prozess, bei dem ich mich in den anderen hineinversetze. Diese physiologische Grundlage der Empathie wird, das haben entsprechende Versuche gezeigt, nicht aktiv, wenn der beobachtete Vorgang von einer Maschine ausgeführt wird.

Filme oder Computerspiele – ein gravierender Unterschied

Auf der Tatsache der fehlenden Empathie beruht nun auch ein bis heute in der Medienwirkungsforschung wenig beachteter Unterschied, nämlich der von Filmen und Computerspielen. Denn das Medium Film ist, wie jeder an sich selbst überprüfen kann, ein hoch emotionales Medium. Hier funktionieren, wie alle Versuche der Hirnforscher erwiesen haben, die Spiegelneurone praktisch so wie im realen Leben, d.h. ein beobachteter Vorgang, z.B. das Sterben eines Soldaten in einem Kriegsfilm à la *Soldat James Ryan*, kann emotional voll nachvollzogen werden.

Derselbe Vorgang in einem Computerspiel wie *Medal of Honor*, wo exakt dieselbe Szene «nachgespielt» werden kann, berührt dagegen emotional nicht. Hier kann der Spieler beliebig oft und lange töten, ohne das Geringste dabei zu verspüren, außer dem Ehrgeiz, «noch mehr Punkte zu machen».[74]

Dazu nochmals der Medienwirkungsforscher Jürgen Fritz: «Vergleicht man die Rezeptionsweise bei einem Spielfilm mit dem spielerischen Handeln in einem Computerspiel, treten die Unterschiede zwischen beiden Medien deutlicher hervor als ihre Gemeinsamkeiten. Die Teilhabe an einem Film ist primär über eine empathische Identifikation möglich. Der Zuschauer lernt ‹die anderen› in einer ‹anderen Welt› kennen und (partiell) verstehen. Das Computerspiel bietet die Teilhabe durch verschiedene Formen des Handelns in der virtuellen Welt und lernt dabei für sich andere Handlungsmöglichkeiten in anderen Kontexten kennen und vervollkommnet sich in ihnen. Vielleicht lernt sich der Spieler dadurch in seinen Fähigkeiten und Wünschen selbst besser kennen.

Gefühllosigkeit als Markenzeichen der Games

In Bezug auf unser Thema ‹Action› lässt sich sagen, dass die weitaus meisten Computerspiele ‹Action› in virtuellen Welten bieten. In der virtuellen Welt gehen die Spieler enorme Risiken ein: Ihr ‹Leben› in der virtuellen Welt ist ständig bedroht. Es ist ungewiss, ob sie ihr Bleiberecht behaupten können oder sehr bald diese Welt wieder verlassen müssen (um einen neuen Versuch zu unternehmen). Computerspiele, weil sie eben eine hohe ‹Action› vermitteln, fordern intensive Aufmerksamkeit und können starke Stressreaktionen (insbesondere bei ungeübten Spielern) hervorrufen.

Action in Computerspielen

Im Vergleich zur ‹Action› in der realen Welt ist die ‹Action› in virtuellen Welten mit keinem persönlichen, in die reale Welt hineinragenden Risiko verbunden. Der Spieler geht aus jedem virtuellen Wagnis unbeschädigt heraus, gleichgültig wie viele Bildschirmtode er erleiden musste. Das Fehlen einer empathisch zu erschließenden Tiefenstruktur von Spielfiguren und die relative Folgenlosigkeit von Spielhandlungen machen verständlich, warum die Spieler gegenüber den Spielfiguren und ihren Avataren (also ihren elektronischen Stellvertretern in der virtuellen Welt) kein Mitgefühl entgegenbringen. Es wäre für den Spielerfolg und das eigene Gefühlsmanagement (das auf eben diesen Erfolg setzt) dysfunktional.»[75]

Diese Tatsache wird durch die Spielerszene selber bestätigt, die immer wieder bemängelt, dass die Games keine Emotionen erzeugen.[76]

Kann man
Games
emotional
beleben?

Vielleicht sind deshalb in jüngster Zeit auch berühmte Filmregisseure wie Peter Jackson auf den Zug der Spieleentwickler aufgesprungen, in der Hoffnung, das Medium der Games emotional beleben zu können. Allerdings scheinen die Schwierigkeiten, ein maschinengeneriertes Medium mit Gefühlen anzureichern, erheblich zu sein, denn bisher kündigte Peter Jacksons Firma lediglich die Verfilmung des berühmt-berüchtigten Games *Halo* an, anstatt, wie versprochen, ein neues Spiel auf den Markt zu bringen. Dabei muss man sich jedoch vor der pauschalen Aussage hüten, die Games würden keine Emotionen wecken, denn das tun sie zweifelsohne. Nur beziehen sich diese Emotionen nicht auf den Inhalt des am Bildschirm Gesehenen, sondern auf den Punktestand des Spielers im Hinblick auf die getöteten Gegner, das heißt, der Spieler ist emotional rein auf sich selbst fixiert und nicht auf die Handlung, sofern es eine solche überhaupt gibt.

Was also
bewirken
die Spiele?

Was also bewirkt die in den Spielen in hoch realistischer Form ausgeübte Gewalt, insbesondere der Ego-Shooter oder Killerspiele? Entgegen den Vermutungen und Befürchtungen vieler besorgter Eltern bewirkt die hier erlebte und vollzogene Gewalt nicht den Wunsch, sie nachzuahmen, d.h. ins reale Leben zu übertragen. Deshalb werden auch Spieler, die extensiv Ego-Shooter spielen, nicht unbedingt gewalttätiger im realen Leben auftreten.

Das Problem liegt woanders, nämlich in der Gleichgültigkeit und Gefühllosigkeit, die der Spieler gegenüber den virtuell vollzogenen Ge-

walthandlungen entwickelt. Für jeden Ego-Shooter-Gamer ist es völlig normal, innerhalb kürzester Zeit jede Menge Menschen zu töten, er empfindet dabei nichts, es ist für ihn nur ein Spiel. Und gerade darin besteht das Problem: Gleichgültigkeit und Gefühllosigkeit gegenüber Gewalt wird auf diese Weise regelrecht antrainiert.

Deshalb hat die US-Army schon seit langer Zeit Ego-Shooter zum Training ihrer Soldaten eingesetzt, nicht um die Gewaltbereitschaft zu erhöhen, sondern um die *Tötungshemmung*, d. h. das *Mitgefühl* gegenüber anderen Menschen, abzustumpfen. Der Militärpsychologe Dave Grossman weiß daher von den immensen Erfolgen zu berichten, die die Ausbilder der US-Army im Hinblick auf die Tötungseffizienz ihrer Soldaten auf diese Weise erzielt haben.[77]

Der militärische Nutzen von Ego-Shootern

«Happy-Slapping» – Gewalt im Alltag wird als etwas Normales empfunden

Im realen Leben erlebte Gewalt wird heute von immer mehr Kindern und Jugendlichen als etwas «Normales» erlebt, gegen das man nichts zu unternehmen braucht. Im Gegenteil, weil man nichts mehr dabei empfindet, wenn ein anderer vor den eigenen Augen verprügelt oder misshandelt wird, kann es geschehen, dass man das Ganze dann zur weiteren Verbreitung im Internet mit der Handykamera festhält, um sich hinterher mit anderen darüber amüsieren zu können. Und auch im Fernsehen wird es als völlig normal erlebt, wenn man sich bei der «Pannenshow» über das Missgeschick und den Beinbruch von anderen köstlich amüsiert (durch Hintergrundgelächter animiert), anstatt Mitgefühl zu empfinden.

Computerspiele – ein Beitrag zur Verrohung der Gesellschaft?

Hier zeigt die Grafik aus einer Befragung Jugendlicher, wie weit verbreitet das sogenannte «Happy-Slapping» bereits ist.

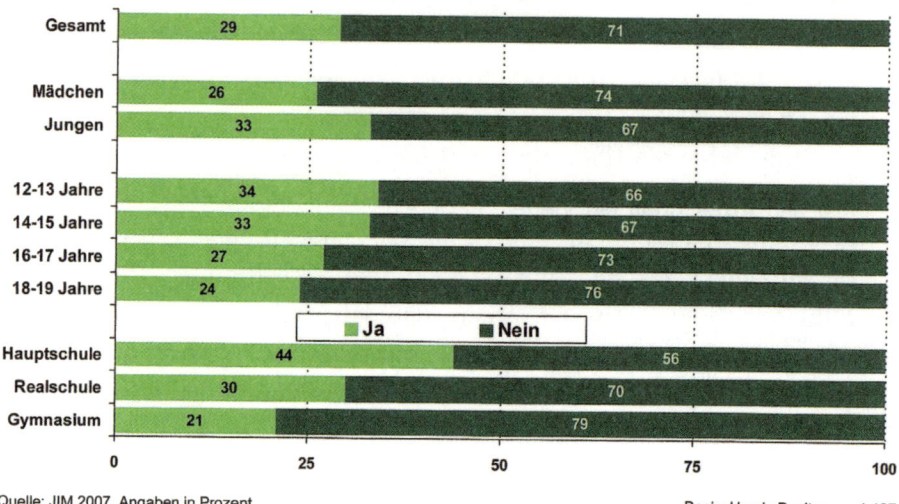

„Habe schon mal mitbekommen, dass eine Schlägerei mit dem Handy gefilmt wurde"

	Ja	Nein
Gesamt	29	71
Mädchen	26	74
Jungen	33	67
12-13 Jahre	34	66
14-15 Jahre	33	67
16-17 Jahre	27	73
18-19 Jahre	24	76
Hauptschule	44	56
Realschule	30	70
Gymnasium	21	79

Quelle: JIM 2007, Angaben in Prozent

Basis: Handy-Besitzer, n=1.127

JIM-Studie 2007: Gefilmte Gewalt unter Jugendlichen

Fazit: Die Verrohung unserer Gesellschaft, insbesondere unter Kindern und Jugendlichen, kann als unmittelbarer Ausdruck der Computerspielkultur gewertet werden. Hier liegt das eigentliche Problem im Umgang mit der Welt der Computerspiele!

Fordern «Killerspiele» zur Nachahmung auf?

«Killerspiele» und Amokläufe

Anlässlich von Amokläufen psychisch schwer beeinträchtigter Schüler an verschiedenen Schulen flammt in regelmäßigen Abständen die Verbotsdebatte gegen die «Killerspiele» wieder auf. Gebetsmühlenartig versucht die Spieleindustrie dann jeweils die politischen Attacken gegen ihre stärksten Umsatzbringer mit sogenannten «wissenschaftlichen Studien» zurückzuweisen.[78] Hierzu ist, wie oben dargestellt, zu sagen, dass selbstverständlich kein

108

Spieler allein durch das permanente Töten am Bildschirm schon zum Amokläufer wird. Wohl aber besteht ein deutlich sichtbarer Zusammenhang zwischen der *Art*, in der der psychisch Gestörte sein Problem zu lösen versucht, und der Inszenierung der Games. Ein massiv aufgerüsteter, vor Waffen nur so starrender Amoklauf, der wiederum unzählige Menschen in Gefahr bringt, ist zweifelsohne dem Vorbild der Inszenierung von Killerspielen zuzurechnen, abgesehen davon, dass die Täter ihren Computer und das Internet nicht nur für die Killerspiele, sondern auch zur Vorbereitung der Taten intensiv nutzen.

Dass jemand ausrastet, hat zumeist Ursachen, die in der psychischen Entwicklung des Täters begründet liegen, und ist also nicht die Folge übermäßig konsumierter Games, sehr wohl aber die Art, in der er es tut.

Ursachen für die Faszination der Games auf Jungen

Wenn die *Empathielosigkeit* die entscheidende Differenz zwischen Computerspielen und Filmen ist, so muss man fragen, warum so viele Kinder und Jugendliche, insbesondere aber Jungen, in die Welt dieser Spiele eintauchen?

Krieg ist, sowohl in seiner realen wie in seiner virtuellen Form, Ausdruck von mangelnder Kommunikationsfähigkeit, die in aller Regel auf eine fehlende Fähigkeit der Beherrschung und Entwicklung der zu jeder Kommunikation gehörenden Gefühle weist. Bei den besagten gewalthaltigen Computerspielen aber ist es eine unübersehbare Tatsache, dass sie beinahe ausschließlich von Jungen und männlichen jungen Erwachsenen gespielt werden. Denn was vermitteln diese «Games»? Sie vermitteln den Eindruck, dass Konflikte auch ohne die Entwicklung von Ge-

Computerspiele – ein männliches Phänomen

fühlen, rein durch technische Beherrschung des Computers und der Steuerung des Spiels, zu lösen wären. Mithilfe der «Games» kann ein heranwachsender Junge eine grundlegende Problematik seiner Entwicklung, nämlich den Umgang mit Gefühlen in sozial schwierigen Situationen, vermeiden und sich vorgaukeln, Konflikte ließen sich rein mit technischen Mitteln lösen. Daraus ergibt sich dann weiterhin das vorgetäuschte Empfinden von Kontrolle und Macht, das damit an die Stelle sozial empfänglicher Kommunikationsformen tritt – natürlich nur, wenn es bei der einseitigen Beschäftigung mit den Games bleibt.

Mangelnde Beherrschung und Entwicklung von Gefühlen

Die Möglichkeit, Probleme und Abenteuer zu bewältigen, ohne sich dabei emotional engagieren zu müssen, übt besonders auf den Jungen in und nach der Pubertät eine große Anziehungskraft aus. Denn anders als die Mädchen durchlaufen Jungen in dieser Zeit eine Phase großer Unsicherheit. Sie wissen oft nicht, wie sie sich gefühlsmäßig verhalten sollen, können ihre eigenen Gefühle nicht zum Ausdruck bringen, weil sie sie oft auch gar nicht richtig verstehen. Das heißt, der Junge hat sein erwachendes Gefühlsleben – anders als das Mädchen – nicht so unter Kontrolle, hat keinen direkten Zugang dazu. Dagegen wirken die Mädchen gerade in der Zeit der Pubertät und danach oft schon viel reifer, weil sie ihre Gefühle ausdrücken, ja sogar damit spielen oder gelegentlich kokettieren können, bis hin zu erotischen Anspielungen.

Emotionale Entwicklung bei Mädchen und bei Jungen

Diese Differenz könnte durchaus auch biologisch begründet sein. Und zwar deshalb, weil Mädchen in ihrer biologischen Reifung mit der Geschlechtsreife in Form der Menstruation eine schmerzhafte körperliche Erfahrung durchmachen, die als Blutverlust nicht nur erlitten wird, sondern auch kompensiert werden muss; das verlorengegangene Blut muss ersetzt werden, der Schmerz wird überwunden. Dieser biologische Prozess zieht menschenkundlich betrachtet das Ich stärker in das sich entwickelnde Seelische hinein, in dem ja die Gefühle leben, sodass das Ich eben stärker in der Lage ist, in die Gefühlssphäre regulie-

110

rend einzugreifen. Die Überwindung der regelmäßig wiederkeh-
renden Schmerzen bedeutet für das heranwachsende Mädchen
letztlich eine Ich-Stärkung, so wie das auch bei anderen schmerzhaften Erfahrungen im Leben beobachtbar ist.

Beim Jungen dagegen wird die Geschlechtsreife nicht
schmerzvoll erlebt – im Gegenteil, hier verläuft sie überwiegend
lustvoll, die körperliche Reifung erfordert kein stärkeres Eingrei-
fen des Ich. Daher die oft noch träumende Konstitution gerade
dem Gefühlsbereich gegenüber, aber auch die Unsicherheit, die
für viele Jungen so charakteristisch ist.

Hier nun setzt die Attraktion der Spiele ein: In ihnen kann der *Alles im Griff?*
Jugendliche ohne Gefühlsregungen und Gefühlsunsicherheiten
sorgenfrei agieren. Er bekommt durch die Steuerung des Spieles
sogar das Gefühl, alles unter Kontrolle, alles im Griff zu haben,
was er ja realiter gerade nicht hat. Und es werden «schmerzhafte»
Erfahrungen durchlebt, besonders in den Ego-Shooter-Games,
die aber keinerlei Folgen für die Ich-Reifung haben. Im Gegenteil, die Suggestion ist so perfekt, dass diese eben nicht erfolgt.
Am Ende des Spiels heißt es stattdessen immer: «Du bist ein Held,
du hast es geschafft, die schwierige Mission zu erfüllen.»

Dazu kommt in vielen Spielen, besonders des Fantasy- und *«Du bist ein*
Science-Fiction-Genres, die werbewirksame Botschaft: «Das *Held!»*
Schicksal des Universums liegt in deiner Hand!» Das heißt, dem
Spieler wird suggeriert, er habe mit seiner «Heldentat» etwas zum
Fortgang der Menschheit beigetragen. Damit wird das ebenfalls
menschenkundlich begründete Bedürfnis des pubertierenden Jugendlichen angesprochen, Interesse für die Welt und ihr Schicksal zu entwickeln. Dem wird aber durch die Virtualität der Spiele,
die die Empathiefähigkeit einschränkt, in keinster Weise entspro-
chen. Im Gegenteil, der eskapistische Charakter der Spielewelt
bewirkt, dass sich die Spieler, je länger sie sich in der Sphäre der
Virtualität aufhalten, immer mehr aus der sozialen Wirklichkeit,
die ja reale Veränderung und Beherrschung des eigenen Gefühls-
lebens erfordern würde, entfernt. Gleichzeitig wird aber durch

die immer realistischer werdenden Spieloberflächen Lebensnähe suggeriert.

Das «kalte Herz»

Bei all diesen Phänomenen kommt einem das Bild aus dem Märchen des romantischen Dichters Wilhelm Hauff, *Das kalte Herz*, in den Sinn, in dem der arme «Kohlen-Peter» für entsprechende Erfolge sein Herz gegen ein Herz aus Stein im Handel mit einer gespenstischen Gestalt eintauscht. Ohne Mitgefühl und unbarmherzig, aber erfolgreich verfolgt er von nun an seine Ziele im Leben. Wie blanker Hohn mutet es daher an, wenn der Bundesverband G.A.M.E. in seinem zur *Games-Convention* 2006 verbreiteten Manifest[79] die gesellschaftliche Anerkennung und finanzielle staatliche Förderung der Spiele mit dem Argument fordert: «Krieg in Spiel umzuwandeln ist eine der großen kulturellen Leistungen der Menschheit. Spiele sind Tausende von Jahren alt und ewig jung: Jugendliche Computerspieler sind spielend Lernende und Wettkämpfer. Technik, Grafik und Controller sind ihre Bälle.»

Der Preis, der hierfür bezahlt werden muss, ist in Wahrheit viel höher, als es sich die zahlreichen Förderer dieser Branche, die sehr häufig als Medienpädagogen operieren, vorstellen können. Im Übrigen wird in diesem «Manifest» geflissentlich übersehen, dass in herkömmlichen Wettkampfspielen immer die Empathie erfordernden Gebote der Fairness gelten, abgesehen davon, dass allein der körperliche Einsatz die Gefühlssphäre viel stärker anspricht als das bewegungslose «Daddeln» vor dem Bildschirm.[80]

Emotionen im realen Spiel

Auf den Vergleich mit einem realen sportlichen Wettkampf werden wir weiter unten noch zu sprechen kommen. An dieser Stelle jedenfalls kann darauf hingewiesen werden, dass ich mich bei einem Fußballspiel zum Beispiel auch emotional einbringe, indem ich mich in die Mannschaft einordne, eventuelle Streitigkeiten schlichte, dann aber im Spiel mit dem Gegner auch körperlichen, mitunter schmerzhaften Einsatz zeige. Hier wird sofort deutlich, dass im realen Spiel immer der ganze Mensch gefordert wird. Und für den auf Körpereinsatz biologisch vorbereiteten männlichen Jugendlichen ist die Wettkampfsituation geradezu die ideale Voraussetzung, auch sein Seelisches mit ins Spiel zu bringen.

Diese Beobachtungen können wohl sehr schnell deutlich machen, worin die Problematik der Games eigentlich besteht und wie dem pädagogisch entgegenzuarbeiten wäre.

Soll man Computerspiele generell verdammen?

Wir haben auf S. 35 bereits die Versuchsreihe des japanischen Brainimaging-Experten Yoshiaki Kawashima erwähnt, an deren Ende der Forscher feststellte, dass Computerspiele die Hirnaktivität auf ein Minimum reduzieren. Kawashima wurde daraufhin mit der Entwicklung von Spielen beauftragt, bei denen eine erhöhte Hirnaktivität registriert werden kann. So gibt es nun seit kurzem die weltweit erfolgreiche neue Serie von Nintendo-Games, die sich *Dr. Kawashimas Brainjogging* oder *Brainacademy* nennt. Diese weltweit millionenfach verkauften Spiele laufen ausschließlich auf der neuen Nintendo-Konsole DS. Diese Art von Intelligenzspielen stellen nichts anderes als erweiterte Rechenaufgaben dar, die man ebenso ohne Gamekonsole auf Papier lösen könnte. Mögen sie das Gehirn auch in vielfältigerer Weise trainieren als die herkömmlichen Games, einen Computer braucht man für diese Art von Aufgaben eigentlich nicht.

Unsere kritische Analyse der Games bezog sich in erster Linie auf die Gattung der gewalthaltigen Action- und Onlinerollenspiele. Man könnte nun dagegenhalten, dass man die Kinder und Jugendlichen dann doch die nicht-gewalthaltigen Aufbaustrategiespiele wie etwa *Anno 1701* oder *Die Siedler* oder Modelleisenbahn-Simulationen wie *Sid Meyers Railroads* spielen lassen

«Brainjogging»-spiele

Was ist von Aufbau- und Strategiespielen zu halten?

könnte. Dabei könnten die Spieler ja sogar etwas über Abläufe des Wirtschaftslebens oder der Menschheitsgeschichte lernen. Auch wenn es dabei ums Lernen geht, muss man feststellen, dass hier ebenfalls die Erziehung durch die Maschine Computer und nicht durch den Menschen erfolgt. Auch in diesen «harmlosen» Spielen werden Vorgänge in einer programmierten, virtuellen Welt nachvollzogen, die letztlich die menschliche Umgebung in ein computergeneriertes Raster pressen.

Dennoch kann man bei diesen Spielen davon ausgehen, dass sich die gefühlsabstumpfende Wirkung aufgrund der fehlenden Gewaltproblematik bei solchen Spielen in Grenzen hält. Allerdings sollte auch hier auf die damit verbrachte Zeit im Sinne unserer Medienbalance geachtet werden.

Lernspiele   «Aber es gibt doch auch sinnvolle Software, mit der die Kinder etwas lernen!», lautet ein oft gehörter Einwand. Dieses Argument ist jedoch zunächst nichts weiter als ein Verkaufsargument, denn auch der Lerneffekt von sogenannten «Lernspielen» ist nicht derselbe, wie wenn ein Kind den Lerninhalt von einem lebendigen Menschen vermittelt bekommt. Ähnlich wie bei den Hörkassetten gilt auch hier, dass der mechanische, mitunter zwanghafte Wiederholungseffekt eben der einer Maschine und nicht eines Menschen ist. Mit einem lebendigen Lehrer kann man sich unterhalten, ihm kann man Fragen stellen, sich beschweren, wenn man etwas nicht versteht etc. Eine Maschine, und sei sie noch so gut programmiert, wird niemals ein Gefühl für das Kind und seine Schwierigkeiten entwickeln. Das heißt, Lernsoftware sollte nicht als Ersatz für einen lebendig zu vermittelnden Lernstoff eingesetzt werden, sondern allenfalls als Hilfsmittel, z.B. in Form eines Lexikons o.ä. Hier kann dann auch die multimediale Funktion solcher Lexika, die mit Bildern und kleinen Filmen das nachgeschlagene Wissen unterstützen, zum Tragen kommen.

114

Die Online-Problematik und
die Gefahren des Internet

Dass das Spielen von Computerspielen über das Internet, die so- *Die Online-*
genannten «Online-Rollenspiele», sehr stark zunimmt, hatten *Rollenspiele*
wir bereits angedeutet. Auch die wirtschaftlichen Prognosen der
Gamesbranche gehen davon aus, dass im Onlinemarkt deren eigentliche Zukunft liegen wird. Dieser Trend, der aus Asien und
den USA kommt und nun auch in Deutschland Fuß gefasst hat,
wird sich hierzulande aufgrund der Internet- und Handy-Flatra-
tes immer mehr verbreiten. Und bereits heute kann man praktisch wöchentlich in den Schlagzeilen lesen, dass es immer mehr
Jugendliche gibt, die aufgrund des Online-Rollenspiels computersüchtig geworden sind.

So berichtete etwa die *Stuttgarter Zeitung* am 27.11.2007 über
den Fall eines schwer süchtigen Zwanzigjährigen, der seit Jahren
nichts anderes mehr in der Lage zu tun ist, als am Bildschirm
World of Warcraft zu spielen. Die Sucht wird insbesondere dadurch erzeugt, dass der Spieler seinen «Charakter» bzw. seine
Spielfigur ständig «weiterentwickelt», was dazu führt, dass die in
die «Aufbauarbeit» des Charakters investierte Zeit immer mehr
zunimmt und das Bedürfnis, sich um das «Schicksal» der Spielfigur zu kümmern, ständig steigt.

Würde diese Energie im realen Leben investiert, dann würde *Computer-*
der jeweilige Jugendliche ja auch tatsächlich reifen. In den vir- *spielsucht*
tuellen Welten der Online-Rollenspiele dagegen bleibt am Ende
nicht viel mehr als verschwendete Zeit und Geld. Aufgrund
der zunehmenden Problematik der Computerspielsucht gibt es
heute bereits zahlreiche psychologische Beratungsstellen und
auch Kliniken, um die an der Computerspielsucht Erkrankten
zu heilen, was ähnlich wie bei Drogensüchtigen zum Teil nur
mit massiven Mitteln möglich ist.[82] Nichtsdestoweniger werden
die betreffenden Spiele wie *World of Warcraft, Lineage, Everquest,*

Guildwars u.a. von den einschlägigen Magazinen wie dem in Millionenauflage erscheinenden Massenblatt *Computerbild Spiele* in höchsten Tönen gelobt und gefeiert.

Internet und Handy werden zur künstlichen Nabelschnur

Auch zur Internet- und Handynutzung zunächst ein paar Zahlen, zunächst wieder aus der KIM-Studie (Sechs- bis Dreizehnjährige, Grafiken S. 117 – 120) und dann aus der JIM-Studie (Zwölf- bis Neunzehnjährige, Grafiken S. 121 – 124):

Internet- und Handynutzung bei Kindern

Erwartungsgemäß ist die Nutzung des Internet in der Altersgruppe der Sechs- bis Dreizehnjährigen deutlich niedriger als bei den Jugendlichen zwischen zwölf und neunzehn Jahren (siehe S. 117). Aber die Grafik zeigt, dass auch bei ihnen die Tendenz allein von 2005 bis 2006 stark steigend ist. Die Nutzungsfrequenz ist ebenfalls niedriger: nur vierzehn Prozent der Sechs- bis Dreizehnjährigen nutzen das Netz täglich. An erster Stelle steht hier noch die Schule als Ursache für die Internetnutzung; das ändert sich dann bei den Jugendlichen drastisch (siehe S. 122).

E-Mail-Verkehr und Chatten stehen für die Kinder noch nicht im Vordergrund, nur dreißig Prozent verfügen überhaupt über eine eigene Mail-Adresse. Chatrooms werden in dieser Altersgruppe noch selten besucht.

Wie sieht es bei der Handynutzung der Kinder aus? Handybesitz ist eigentlich erst ab zehn bis zwölf Jahren weit verbreitet, nämlich bei über fünfzig Prozent der Kinder in diesem Alter. Die Nutzung ist dabei auch noch weniger intensiv als bei den Jugendlichen (siehe S. 123).

Wie wir bereits im ersten Kapitel gesehen haben, sind der Computer und das Handy für Jugendliche ab etwa zwölf Jahren

116

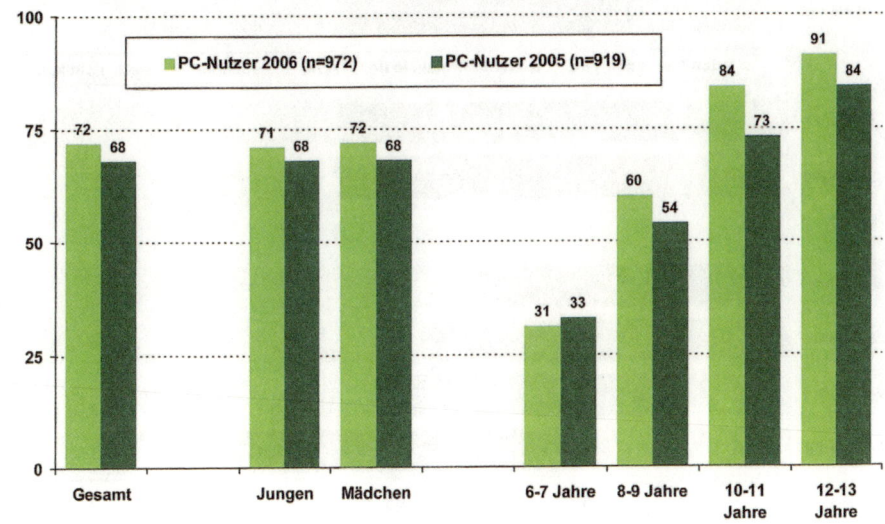

Internet-Nutzer 2006 - 2005
- zumindest selten -

PC-Nutzer 2006 (n=972)   PC-Nutzer 2005 (n=919)

in Prozent

	Gesamt	Jungen	Mädchen	6-7 Jahre	8-9 Jahre	10-11 Jahre	12-13 Jahre
2006	72	71	72	31	60	84	91
2005	68	68	68	33	54	73	84

Quelle: KIM-Studie 2006 - 2005

zunehmend die Leitmedien. Das zeigt sich nun an den nachfolgenden Zahlen.

An den Grafiken von S. 121 ist ersichtlich, dass praktisch jeder Jugendliche Zugang zum Internet hat, vierzig bis fünfzig Prozent (dem Alter nach zunehmend) verfügen sogar über einen eigenen Zugang. Über achtzig Prozent nutzen das Internet praktisch täglich, mit steigender Tendenz, wobei die mit Abstand am meisten genutzte Funktion der Austausch kleinerer Botschaften (instant messaging) bzw. E-Mails ist, gefolgt von Musikhören und der Suche nach allgemeinen Infos (meist geht es hier um den gerade angesagten Club oder andere Szene-Treffpunkte). Chatrooms werden von immerhin dreißig Prozent täglich aufgesucht (s. S. 122).

Handys werden praktisch von jedem Jugendlichen genutzt (s. S. 123); dabei spielt die technische Ausstattung eine große Rolle, vor allem im Hinblick auf Fotos und MP3s, wie schon erwähnt. Im Vordergrund steht hier wie beim Internet das Versenden kleiner Botschaften (SMS).

Internet und Handys bei Jugendlichen

117

Nutzungsfrequenz Internet/Online-Dienste 2006

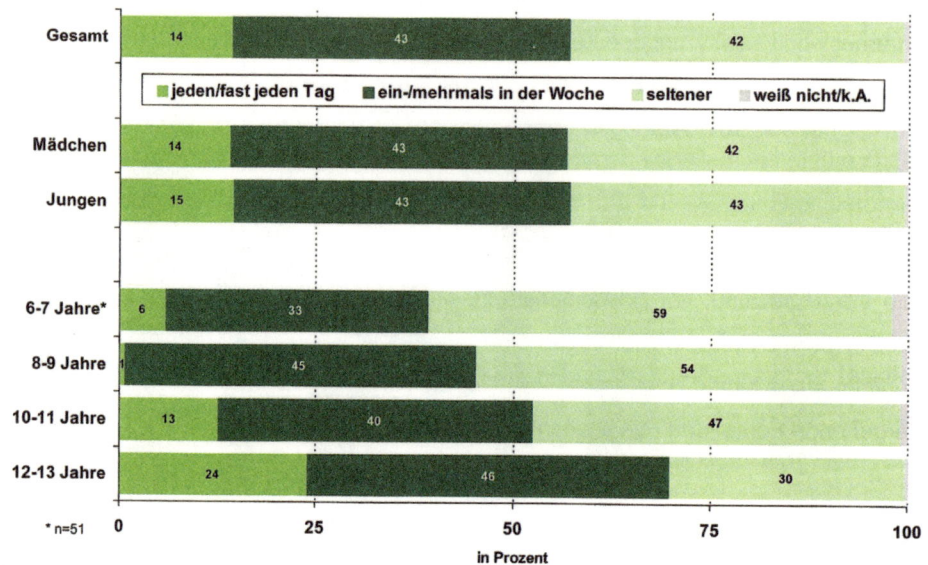

Legende: ■ jeden/fast jeden Tag ■ ein-/mehrmals in der Woche ■ seltener ■ weiß nicht/k.A.

	jeden/fast jeden Tag	ein-/mehrmals in der Woche	seltener
Gesamt	14	43	42
Mädchen	14	43	42
Jungen	15	43	43
6-7 Jahre*	6	33	59
8-9 Jahre	1	45	54
10-11 Jahre	13	40	47
12-13 Jahre	24	46	30

* n=51

in Prozent

Quelle: KIM-Studie 2006

Basis: Internet-Nutzer, n=695

Internet-Tätigkeiten 2006
- mindestens einmal pro Woche -

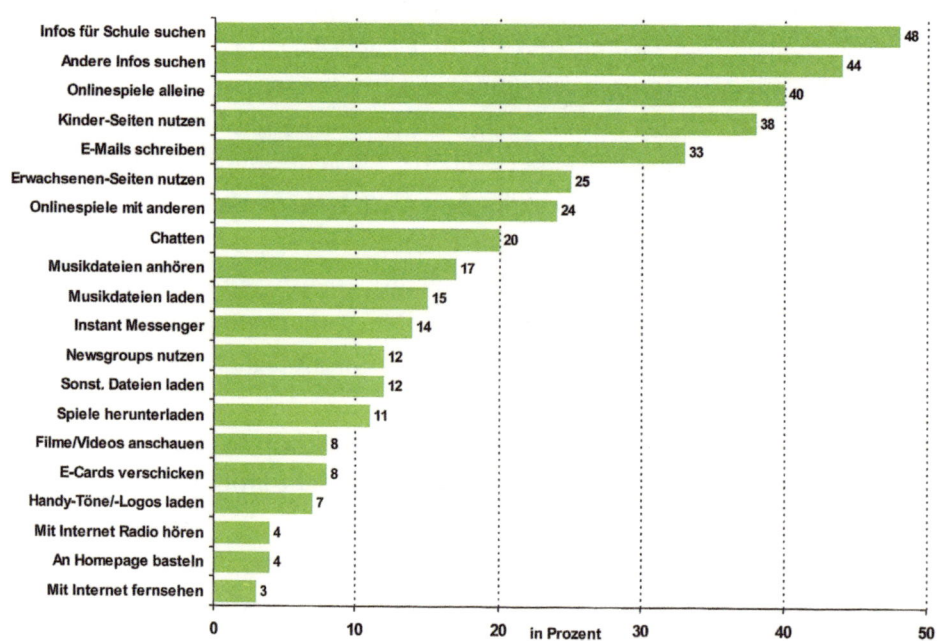

Tätigkeit	Prozent
Infos für Schule suchen	48
Andere Infos suchen	44
Onlinespiele alleine	40
Kinder-Seiten nutzen	38
E-Mails schreiben	33
Erwachsenen-Seiten nutzen	25
Onlinespiele mit anderen	24
Chatten	20
Musikdateien anhören	17
Musikdateien laden	15
Instant Messenger	14
Newsgroups nutzen	12
Sonst. Dateien laden	12
Spiele herunterladen	11
Filme/Videos anschauen	8
E-Cards verschicken	8
Handy-Töne/-Logos laden	7
Mit Internet Radio hören	4
An Homepage basteln	4
Mit Internet fernsehen	3

in Prozent

Quelle: KIM-Studie 2006

Basis: Internet-Nutzer, n=695

118

Eigene E-Mail-Adresse 2006
Hast du eine eigene E-Mail-Adresse für dich ganz alleine?

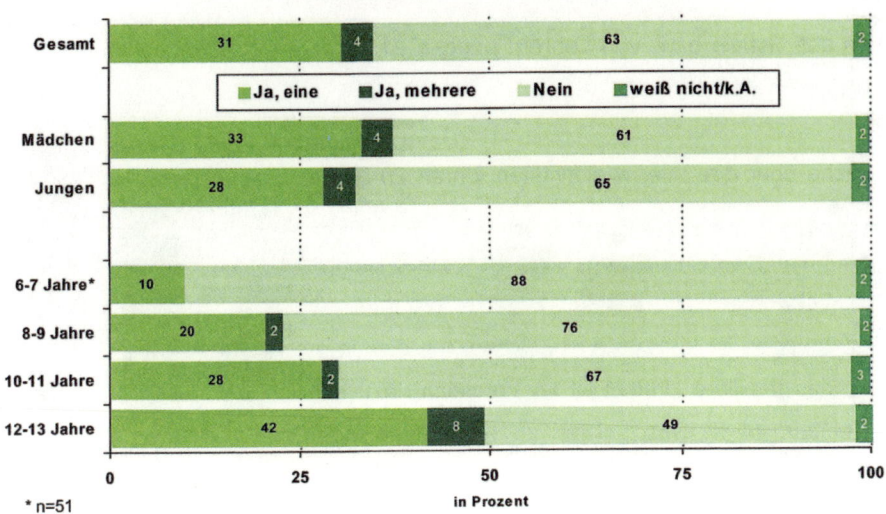

* n=51

Quelle: KIM-Studie 2006

Basis: Internet-Nutzer, n=695

Nutzung Chatrooms 2006

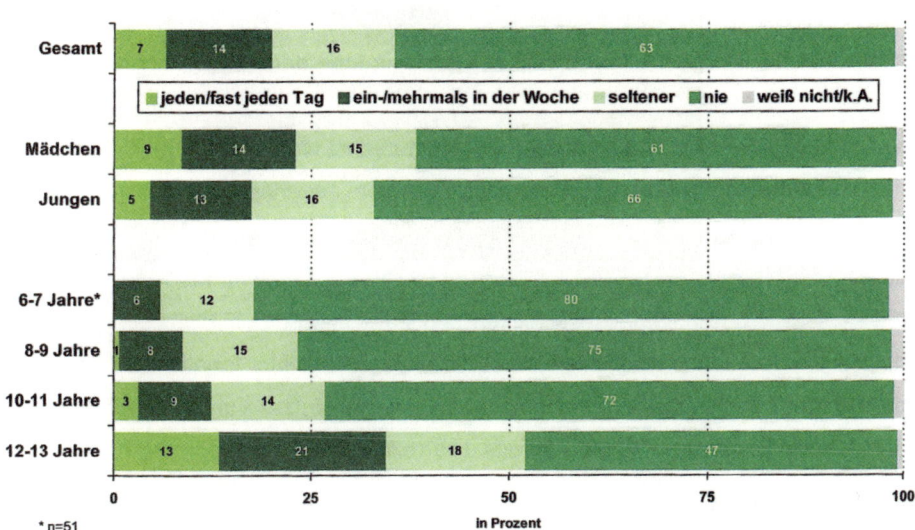

* n=51

Quelle: KIM-Studie 2006

Basis: Internet-Nutzer, n=695

Handy-Verfügbarkeit 2006
Angaben der Kinder

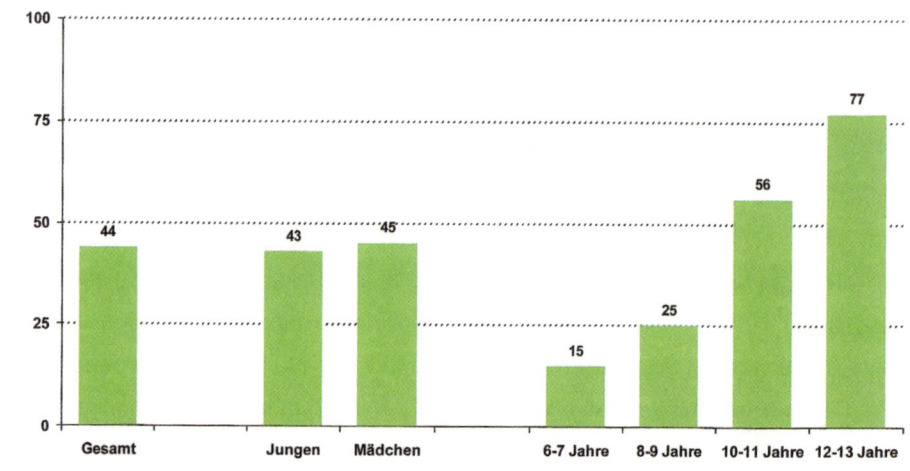

Quelle: KIM-Studie 2006

Basis: Gesamt, n=1.203

Nutzung verschiedener Handy-Funktionen

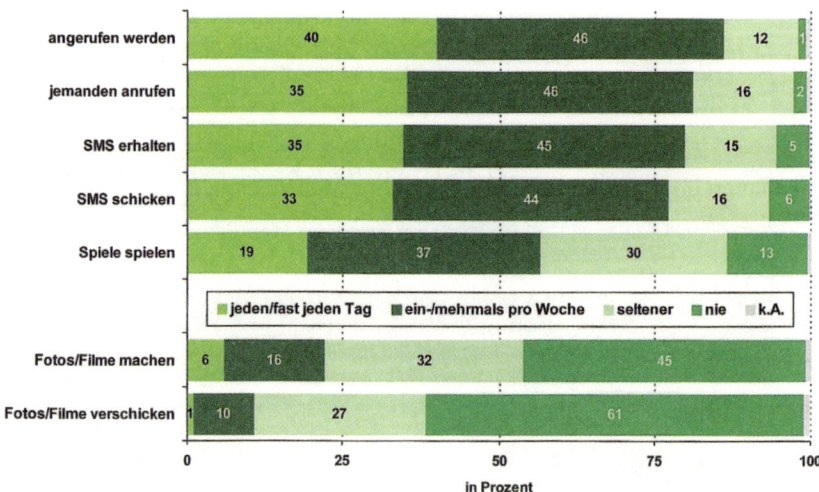

Quelle: KIM-Studie 2006

Basis: Handy-Besitzer (Auskunft Kind), n=527

120

Internetzugang: HH-Ausstattung und persönlicher Besitz

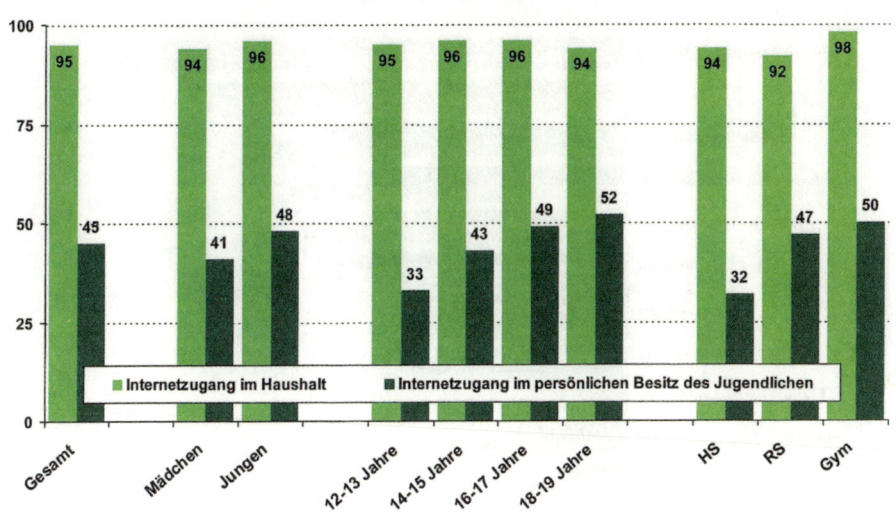

■ Internetzugang im Haushalt ■ Internetzugang im persönlichen Besitz des Jugendlichen

Quelle: JIM 2007, Angaben in Prozent   Basis: alle Befragten

Internet: Nutzungsfrequenz 2007 / 2006
- täglich/mehrmals pro Woche -

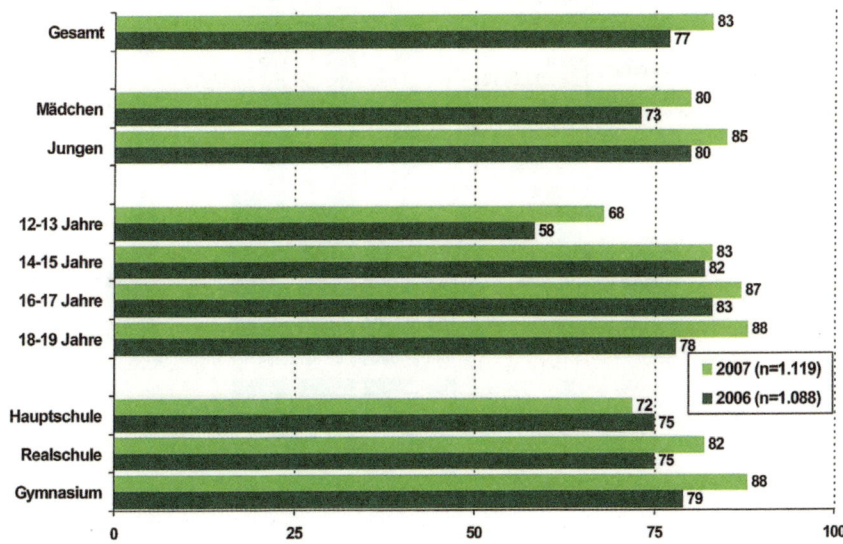

■ 2007 (n=1.119)
■ 2006 (n=1.088)

Quelle: JIM 2007, JIM 2006, Angaben in Prozent   Basis: Internet-Nutzer

121

Internet-Aktivitäten 2007
- täglich/mehrmals pro Woche -

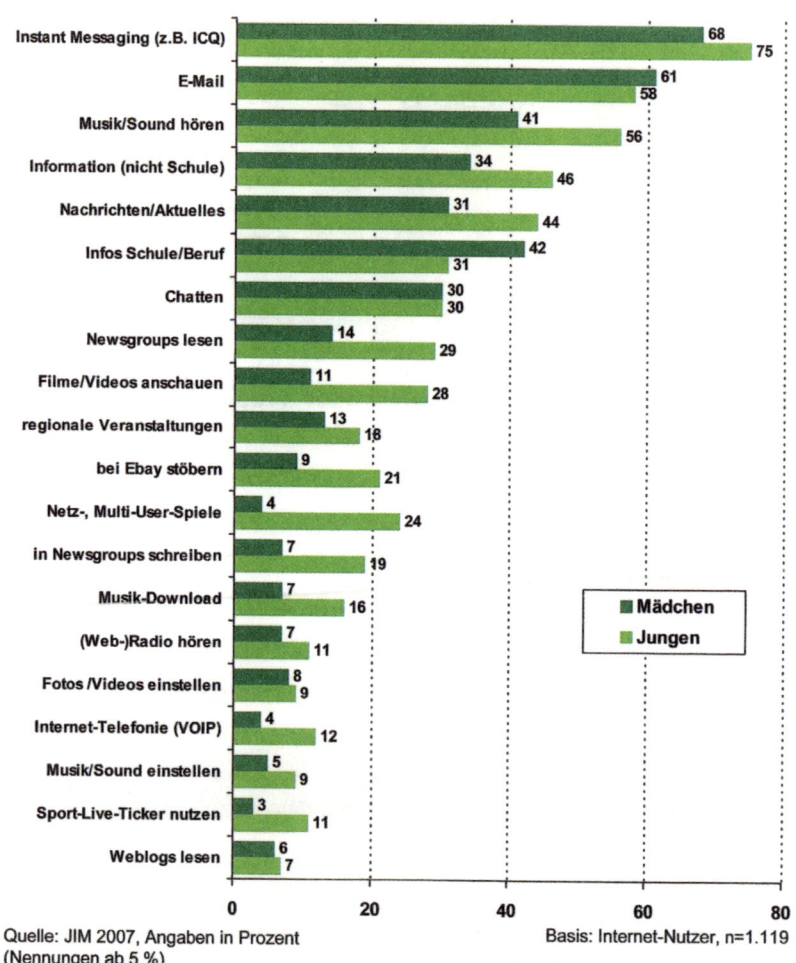

Instant Messaging (z.B. ICQ) — 68 / 75
E-Mail — 61 / 58
Musik/Sound hören — 41 / 56
Information (nicht Schule) — 34 / 46
Nachrichten/Aktuelles — 31 / 44
Infos Schule/Beruf — 42 / 31
Chatten — 30 / 30
Newsgroups lesen — 14 / 29
Filme/Videos anschauen — 11 / 28
regionale Veranstaltungen — 13 / 18
bei Ebay stöbern — 9 / 21
Netz-, Multi-User-Spiele — 4 / 24
in Newsgroups schreiben — 7 / 19
Musik-Download — 7 / 16
(Web-)Radio hören — 7 / 11
Fotos /Videos einstellen — 8 / 9
Internet-Telefonie (VOIP) — 4 / 12
Musik/Sound einstellen — 5 / 9
Sport-Live-Ticker nutzen — 3 / 11
Weblogs lesen — 6 / 7

■ Mädchen
■ Jungen

0   20   40   60   80

Quelle: JIM 2007, Angaben in Prozent
(Nennungen ab 5 %)

Basis: Internet-Nutzer, n=1.119

122

Chatrooms: Nutzungsfrequenz 2007

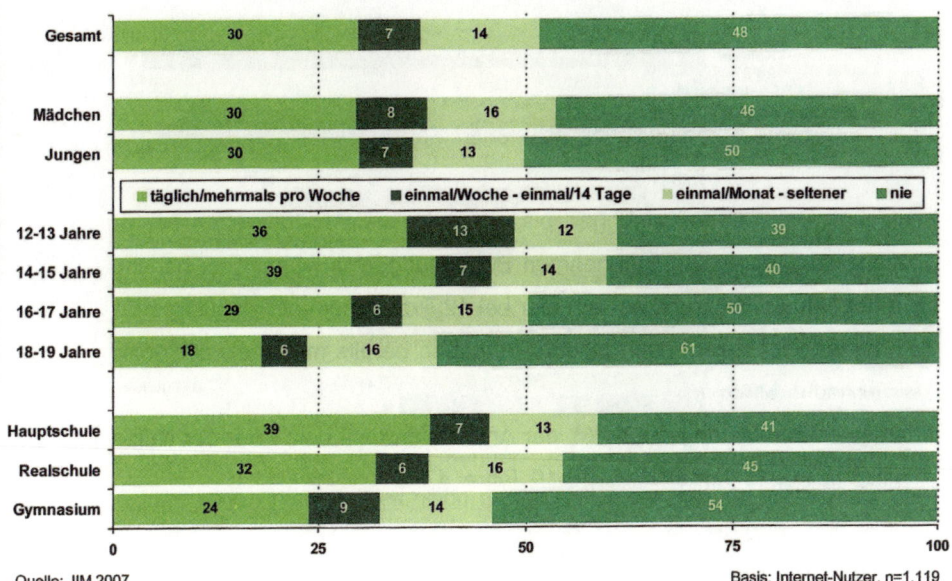

Quelle: JIM 2007

Basis: Internet-Nutzer, n=1.119

Handy-Besitzer 2007 und 1998

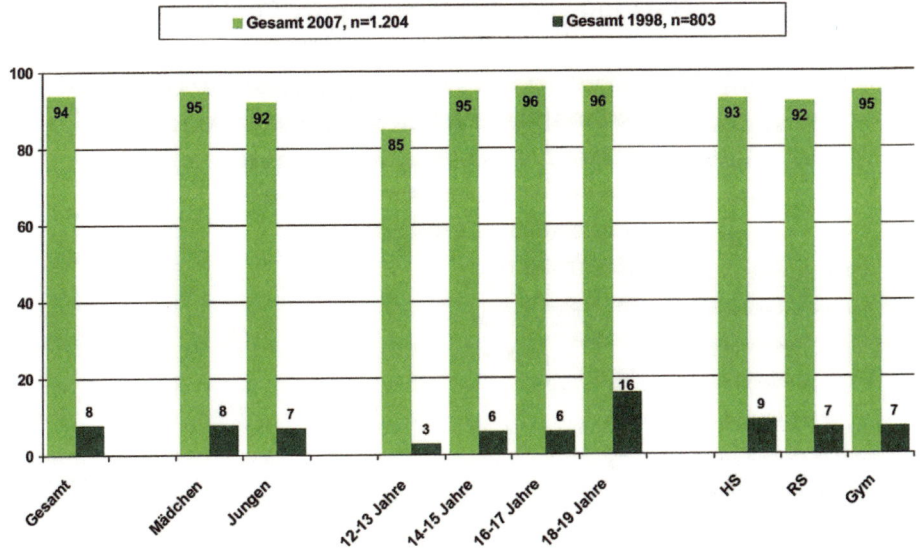

Quelle: JIM 2007, JIM 1998, Angaben in Prozent

Ausstattung des eigenen Handys

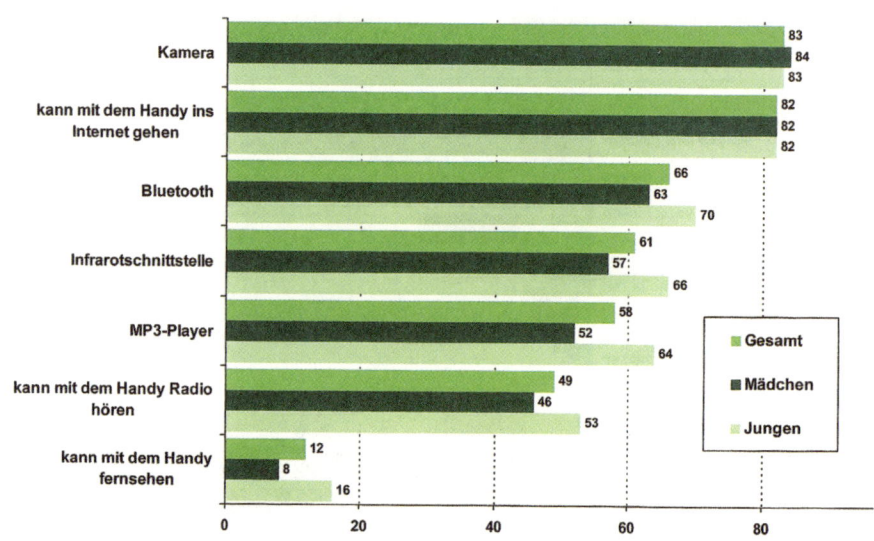

Quelle: JIM 2007, Angaben in Prozent

Basis: Handy-Besitzer, n='

Nutzung verschiedener Handy-Funktionen
- täglich/mehrmals pro Woche -

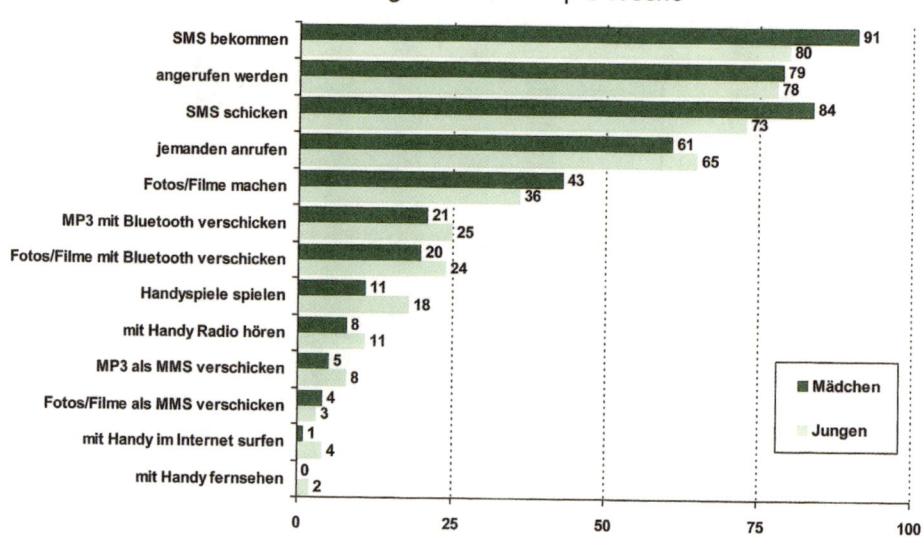

Quelle: JIM 2007, Angaben in Prozent

Basis: Handy-Besitzer, n=1.127

124

Allgemeine Tendenzen

Folgende Beobachtung erscheint mir symptomatisch für das Phänomen der Handys und des Internet: Ein etwa elfjähriger Junge steht allein vor einem Fahrkartenautomaten und kommt damit nicht zurecht. Anstatt sich aber selber zu behelfen oder andere Menschen um Rat zu fragen, ruft er per Handy seine Mutter zu Hause an und fragt nach, was er tun solle. Das ist ein typisches Beispiel für die allgemeine Situation. Ich bezeichne das Handy in dieser Hinsicht deshalb als eine künstliche Nabelschnur. Man fühlt sich sicher und geborgen, weil man ja ständig, auch wenn man nicht mehr weiter weiß, irgendjemanden anrufen und um Rat fragen, sich austauschen kann etc., auch wenn das unter normalen Umständen eigentlich nicht notwendig wäre.

Das Handy – eine künstliche Nabelschnur

Ähnliches gilt für das Internet, das von Jugendlichen ja insbesondere auch zum Chatten und für den Austausch in irgendwelchen Internetforen genutzt wird. Das Meiste, was hier an Informationen hin und her geht, sind Belanglosigkeiten, unnötige und häufig sinnlose Bemerkungen usw. Und selbst bei ernsthaften Themen, über die man sich austauschen möchte, kann man in den meisten Internetforen nach kurzer Zeit bemerken, dass das Niveau absinkt und es in Blödeleien ausartet. Aber man ist beschäftigt, abgelenkt und braucht sich mit der eigentlichen Realität nicht weiter auseinanderzusetzen.

Was für die Computerspiele zutrifft, gilt auch für die Handys und das Internet: Zumeist werden sie als Fluchtmittel aus der Realität genutzt. Irgendetwas passt einem nicht, bereitet Unwohlsein – und schon greift man zum Handy oder surft im Internet, nur um sich abzulenken und dem Unangenehmen zu entfliehen.

Handy und Internet als Fluchtmittel

Wie die auf S. 126 wiedergegebene Befragung zeigt, werden diese beiden Medien besonders stark genutzt, wenn man sich allein fühlt und wenn einem langweilig ist. Das Medium Buch, das Aktivität erfordert, wird ebenso wie die Zeitung für solche

125

Funktionen verschiedener Medien 2007 / 2005
- nutze ich am häufigsten, wenn ... -

	Radio		TV		PC ohne Internet		Internet		CD/MC/MP3		Bücher		Zeitungen		Telefon/Handy		nichts davon	
	2007	2005	2007	2005	2007	2005	2007	2005	2007	2005	2007	2005	2007	2005	2007	2005	2007	2005
mir langweilig ist	5	7	27	38	5	9	36	17	10	9	8	8	1	2	7	8	2	2
ich mich geärgert habe	9	11	19	20	4	7	18	7	26	31	5	4	1	2	8	8	10	10
ich mit Freunden zusammen bin	9	12	16	18	4	6	13	7	28	31	0	0	1	1	14	10	15	14
ich traurig bin	9	14	16	14	2	4	13	5	32	35	7	6	1	1	13	11	8	10
ich besonders gute Laune habe	13	15	7	9	3	7	22	9	27	32	3	2	0	1	14	13	12	12
ich mich alleine fühle	6	8	21	23	3	5	29	12	16	20	5	6	1	1	15	21	4	4

Quelle: JIM 2007, JIM 2005, Angaben in Prozent

Basis: alle Befragten, 2006 n=1.204, 2005 n=1.203

Fluchtbewegungen praktisch nicht benutzt. Daran lässt sich die hier gemeinte Tendenz ebenfalls ablesen.

Allein – auch in Gegenwart der Eltern
Oft kann man beobachten, dass Kinder mit ihren Eltern im Restaurant an einem Tisch sitzen, aber statt sich miteinander zu unterhalten, beschäftigen sich die Kinder mit ihren Handys und schauen nach, ob es neue Nachrichten per SMS für sie gibt. Das heißt, das Gespür für den realen Augenblick geht völlig verloren, ständig befindet man sich eigentlich ganz woanders und versucht damit, dem Hier und Jetzt zu entkommen.

Dass selbstverständlich sowohl Handy als auch Internet sehr nützlich sein können, sei hier unbestritten, darüber braucht man nicht zu diskutieren. Auch dass der PC ein notwendiges Arbeitsmittel sein kann, steht außer Frage. Die meiste Zeit aber, die Kinder mit diesen Medien zubringen, ist im oben beschriebenen Sinne Zeitverschwendung oder Fluchtbewegung – weg aus der Realität – und führt, wie im erwähnten Falle des Jungen vor dem Fahrkartenautomaten, zur Unselbstständigkeit und künstlichen Abhängigkeit von Geräten, die dann eben wie eine verlänger-

126

te Nabelschnur fungieren. Dabei verschmelzen Kinder und vor allem Jugendliche mehr und mehr mit Maschinen, an deren Eigenart sie sich dann zunehmend anpassen. Der Blick aufs Handy wird zur manischen Gewohnheit, das Surfen im Internet zum alltäglichen Zeitvertreib.

Kinder und Jugendliche sind oft nicht allein in der Lage, ihre Zeit am Computer sinnvoll zu begrenzen. Das schaffen selbst viele Erwachsene nicht, besonders wenn es ums Internet geht. Daher sind hier Wachsamkeit und das Setzen eines zeitlichen Limits durch die Eltern besonders gefragt.

Keine leichte Aufgabe: die Zeit am PC zu begrenzen

Internet als Informationsmedium

Wie wir gesehen haben, wird das Internet besonders von jüngeren Schülern sehr häufig als Informationsmedium für die Schule genutzt. Bei den älteren geht dann diese Art der Nutzung wieder zurück. Gerade darin aber kann ein Problem bestehen, denn jüngere Schüler können oft noch wenig den Wahrheitsgehalt und den Wert von Informationen aus dem Internet, die ja von niemandem überprüft werden, beurteilen. Zur Medienkompetenz im üblichen Sinne gehört es daher gerade, dem Internet wie natürlich auch allen anderen Medien gegenüber zu lernen, wie man den Informationswert von Medieninhalten richtig bewertet.

Hier kann man allgemein davon ausgehen, dass Kinder und Jugendliche bis vierzehn Jahre, wenn sie dem Medium Internet allein ausgesetzt sind, bei der Beurteilung der Inhalte in der Regel überfordert sind. Das heißt, die Erwachsenen müssen die Kinder bis zu diesem Alter, gerade wenn es um Informationen aus dem Internet geht, begleiten und sie anleiten, unterscheiden zu lernen. Auch hier gilt, dass wir die Erziehung unserer Kinder nicht den Computern überlassen sollten.

Inhalte beurteilen – zusammen mit Erwachsenen

127

Der Scheincharakter der Blogs, Chatrooms und Internetforen

Unverbindliche Kontakte in Chatrooms und Foren Wie besonders die Internetforen zeigen, sind die Kontakte, die dort zustande kommen, sehr fragwürdig im Hinblick auf ihre soziale Verlässlichkeit. Im Allgemeinen sind die in Chatrooms und Foren geknüpften Beziehungen, sofern ihnen nicht reale Beziehungen im Alltag zugrunde liegen, äußerst unverbindlich. Oft kann es einem passieren, dass ein als intensiv erlebter Kontakt von einem Moment auf den nächsten wie ausgelöscht ist, weil der- oder diejenige sich längst anderen Interessen oder Kontakten zugewendet hat. Daran ändern auch die vor allem in den Blogs[83] häufig hinzugefügten Bild- oder Tondokumente nichts. Im Gegenteil, sie erhöhen den Scheincharakter und suggerieren Authentizität, die in Wirklichkeit nicht vorhanden ist.

Blogs zur Selbstdarstellung Im Allgemeinen dienen die Blogs vor allem der Selbstdarstellung, andere Nutzer des Netzes interessieren den Blogger nur, wenn sie als Bewunderer der zur Schau gestellten Inhalte dienlich sind. Die Tendenz zum Exhibitionismus ist hierbei unübersehbar. Enthüllungen, die man sonst niemandem anvertrauen würde, werden hier schamlos veröffentlicht, weil man sich der Anteilnahme Neugieriger sicher sein kann. Dabei handelt es sich aber um keinerlei wirkliche, sondern nur vorgetäuschte Anteilnahme, die ebenso schnell vergeht, wie sie entstanden ist. Für den Blogger stellt sich eine Art künstlicher Bühneneffekt ein, der lediglich der eigenen Eitelkeit dient.

Haben wir es also bei den Computerspielen mit fehlender Empathie zu tun, so stoßen wir beim Internet auf den *Scheincharakter* sozialer Beziehungen, hinter denen sich häufig reine Selbstbespiegelung verbirgt. Generell lässt sich sagen, dass die Gefahr der Täuschung über im Internet geknüpfte Beziehungen umso größer ist, je weniger diese im realen Leben ein Äquivalent haben.

128

Natürlich gibt es Ausnahmen, denn auch über das Internet können Brieffreundschaften gepflegt werden. Die hohe Geschwindigkeit dieses Mediums ist aber auch hier der Dauerhaftigkeit eher abträglich, denn zu einem echten Briefwechsel gehört erfahrungsgemäß immer auch ein gewisser zeitlicher Abstand, der bei den elektronischen Mails oft auf nur wenige Stunden, manchmal sogar Minuten zusammenschrumpft.

Kontakte und zeitlicher Abstand

Reales Spiel mit anderen – Gegengewicht zur Computerwelt

Kommen wir nun abschließend im Sinne unserer Medienbalance zu den Gegengewichten zur Computerwelt. Auch hier geht es wieder um den Maßstab der mit den passiven bzw. aktiven Tätigkeiten verbrachten Zeit.

seelischer Bereich	aktiv	passiv
Wollen, Handeln	reales Spiel mit anderen	Computerspiele, Internet, Handy

Wie in den beiden anderen Bereichen unserer Medienbalance, dem Bereich der «Literacy» und der Musik, kann auch im Bereich des Spielens nicht früh genug damit begonnen werden, solide Grundlagen zu schaffen. Das kindliche Spiel in den ersten sieben Lebensjahren gehört mit zum Wertvollsten, was Kinder für ihre Entwicklung benötigen. Darauf machen zum Beispiel ausdrücklich die Veröffentlichungen des Psychotherapeuten Eckehard Schiffer immer wieder aufmerksam: «Spielend gelangen wir zu wesentlichen Einsichten, denen wir in der Auseinandersetzung mit Fakten und formallogischen Strukturen – zum Beispiel im

Auch beim Spielen sollte frühzeitig angesetzt werden

Schulunterricht – sonst nicht näherkommen. Es geht dabei vor allem um die Einsicht in das, was uns – und anderen – gut tut.

Spielen als Urform des schöpferischen Handelns

Und spielerisch geht es zu, wenn wir innovativ-schöpferisch tätig sind. Spielen wird hier als Urform des schöpferischen Handelns verstanden. ... Erinnert sei an die Welt von Huckleberry Finn, Pippi Langstrumpf und Momo. Zu diesem Spielen gehört auch, innehalten und betrachtend verweilen zu können. Welt gestalten und wahrnehmen, dabei Unsichtbares mit den Augen des kleinen Prinzen sichtbar werden lassen. Sicherlich, idealisierte Kinder-Welten – aber eine Erinnerung an Möglichkeiten in uns selbst. In diesen Welten wirkten und wirken Ur-Kräfte: Erkundungs- und Funktionslust, Sinneserfahrung und Lust, Ursache von etwas zu sein und etwas hervorzubringen, nicht bloß passiv etwas zu erleiden, sondern aktiv auch etwas zu gestalten ...»[84]

Bei Therapien: am Spielen ansetzen

Mit diesen Worten Schiffers ist eigentlich schon alles gesagt, worauf es uns im Zusammenhang der Medienbalance an dieser Stelle ankommt. Schiffer macht anschließend darauf aufmerksam, dass für ihn als Therapeuten praktisch jede Therapie psychosomatischer Störungen an diesen Urkräften des kindlichen Spielens ansetzt. Mir persönlich sagte er einmal: «Wenn meine Patienten in ihrer Kindheit mehr gespielt hätten, dann bräuchten wir das in unserer klinischen Einrichtung später nicht mehr nachzuholen.» Auch damit ist über den Charakter des Spielens viel gesagt.

An dieser Stelle braucht über das Spielen und seine Veranlagung in den ersten Lebensjahren nur noch so viel gesagt zu werden, dass es generell darum geht:

1. dem Kind so viel Freiräume wie möglich für das Spielen zu erhalten
2. ihm möglichst wenig vorgefertigte Spielmöglichkeiten zu geben
3. ihm Spielmöglichkeiten zu bieten, bei denen es etwas Eigenes gestalten kann.

Dazu sei auch noch einmal an das Beispiel über die Entwicklung der Fantasie erinnert, in dem es um das «Bootsfahren» ging und wo dem spielenden Kind selbst ein umgedrehter Hut zum Boot werden kann (S. 45). Näheres kann in der entsprechenden Literatur nachgelesen werden.[85]

Die Rolle des Spielens in der Schulzeit

Wie sieht es nun aber bei Schulkindern und Jugendlichen mit dem Spielen aus?

Es ist wohl kein Geheimnis, dass Kinder und Jugendliche heute von sich aus kaum noch im Freien mit anderen spielen, dass daher die Bewegungsarmut zunimmt, notorisches Übergewicht zum Problem wird usw. Noch in den sechziger Jahren war es Schulkindern durchaus möglich, im Freien vollkommen offene, nicht vorgefertigte Spielräume und Landschaften zu entdecken. Das Medienangebot war gering bis nicht vorhanden, daher ging man raus ins Freie, wenn man mit anderen spielen wollte. Und den Inhalt der Spiele gaben nicht etwa Erwachsene oder irgendeine Medienindustrie vor, sondern er gestaltete sich aus der freien Fantasie. Dazu wurde gelegentlich auch Spielzeug – etwa Spielzeugautos, Murmeln oder Malkreiden – genutzt, aber immer frei verwendet, ohne vorgegebene feste Regeln, denn die schuf man sich selbst. Dieses freie und ungebundene Spiel der Schulkinder auch auf den Schulhöfen ist heute praktisch nicht mehr vorhanden. Zwar wird von sechzig Prozent der Kinder auch heute noch angegeben, dass sie in der Freizeit draußen spielen, schaut man sich aber an, was da gespielt wird, so sind es häufig Spiele, die an Geräte, etwa mobile Computerspielkonsolen, oder ferngesteuerte Fahrzeuge gebunden sind; es handelt sich also auch hier wieder um vorgegebene, bewegungsarme Aktivitäten.

Spielen im Freien – aus der Fantasie heraus

Bewegungsspiele

131

Für Kinder ist Bewegung im Freien das A und O. Gemeinsam mit anderen sind daher besonders Kreisspiele zu empfehlen, wie sie über lange Zeiten von allen Kindern gespielt wurden, auf der Straße, im Hof oder im Garten. Wer diese Spiele nicht mehr kennt, findet dazu Anregungen in zahlreichen Büchern.[86]

Froh kann man auch über jegliches Angebot sportlicher Spiele sein, sei es nun das Fußballspiel oder andere Manschaftssportarten. Machen wir uns gerade am Fußballspielen den Unterschied zum virtuellen Spiel am PC klar:

Ein Junge versucht mit allen Mitteln, in der Fußballmannschaft seines Vereins aufgestellt zu werden. Es gelingt ihm, anstelle eines anderen mitzuspielen. Während des Spieles aber begeht er ein schweres Foul und verletzt seinen Gegenspieler, sodass er vom Platz gestellt wird. Die infolgedessen geschwächte Mannschaft verliert und steigt anschließend ab. Er macht sich nun schwere Vorwürfe deswegen, die Kameraden verzeihen ihm aber, ebenso der verletzte Gegenspieler. Was macht der Junge emotional alles durch im Vergleich zu einem Jungen, der ein solches Spiel nur am Bildschirm spielt? Erstens wird es am Bildschirm keine Verletzungen geben, die körperlich irgendwie spürbar werden, zweitens kann er zwar auch dort «bestraft» werden, in aller Regel führen solche Strafen aber kaum zum Ausschluss. Es gibt gerade in Computerspielen eine erstaunliche Fülle von Möglichkeiten wieder «aufzuerstehen».

Beim Fußballspielen wie auch bei allen anderen Mannschaftssportarten lernt man nicht nur Körperbeherrschung und trainiert auch nicht nur für die eigene Kondition, sondern die Kinder und Jugendlichen lernen dabei vor allem, mit anderen im Team zusammenzuspielen, zu kooperieren und Konflikte gewaltfrei, jedoch mit emotionaler Beteiligung zu lösen. All das sind Fähigkeiten, die am Computerbildschirm nicht erworben werden können.

Körperliche Erfahrungen sind wichtig

Die Körperlosigkeit der Computerwelt hat die schon beschriebene Aussparung des emotionalen Bereiches zur Folge, denn wo nichts wehtun kann, entsteht auch kein Schmerz. Der ist aber zur emotionalen Reifung auch körperlich unbedingt notwendig.

Ein Vater erzählte mir unlängst von der außerordentlich wichtigen Erfahrung für sich und seinen fünfzehnjährigen Sohn, die sie gemeinsam auf einer Alpenwanderung über sieben Tage gemacht hatten. Zunächst unschlüssig, ob er mit dem Vater mitgehen sollte, entschied sich der Sohn dann doch dafür. Und hinterher hätte er keine der gemachten Erfahrungen – durchnässtes Zelt, durchnässte Schuhe und Strümpfe, Wadenkrämpfe, Schorfwunden, Hunger und Durst etc. – missen wollen. Warum? Weil solche Erfahrungen, einfach gesagt, «stark» machen. Man lernt, mit Schmerzen umzugehen, lernt, sich zu beherrschen, sich unter Kontrolle zu halten usw.[87]

Wandern mit Zelt

Solche Erfahrungen, die man früher bei den Pfadfindern machen konnte (natürlich kann man sie auch heute noch dort machen) und die gegenwärtig zum Bereich der *Erlebnispädagogik* gerechnet werden, können auf vielfältigste Art und Weise gewonnen werden.[88] Wichtig sind dafür besonders die Ferien und der Urlaub, der für dieses Erleben in der Natur, etwa am Strand beim Bauen einer Sandburg und anderen Aktivitäten, Anlass bieten kann.[89]

Erlebnispädagogik

Ein weiteres Beispiel aus diesem Bereich ist der Schulzirkus, der mittlerweile an sehr vielen Waldorfschulen angeboten wird und den Kindern und Jugendlichen eine Fülle von Aktivitäten ermöglicht, die nicht nur alle Sinne ansprechen, sondern vor allem auch das soziale Miteinander schulen.

Schulzirkus

Eine andere Möglichkeit, die heute ebenfalls schon von vielen Schulen genutzt wird, sind Segeltouren mit der Klasse; auch hier werden die Sinne geschult und soziale Fähigkeiten entwickelt. Eltern können bei der Wahl der Schule für ihre Kinder durchaus

133

auch solche Angebote berücksichtigen; viele Waldorfschulen haben sie inzwischen in ihren Lehrplan mit aufgenommen.

Schultheater Eine in dieser Hinsicht unersetzbare Erfahrung ist natürlich das Schülertheater, das an Waldorfschulen in der 8. und 12. Klasse fest zum Lehrplan gehört, aber auch an vielen anderen Schulen schon lange gepflegt wird. Im Rahmen eines Theaterstückes können viele Schüler Erfahrungen machen, die sie ihr ganzes Leben nicht vergessen. Oft werden im Rahmen solcher Theatererfahrungen wichtige Entwicklungsschritte vollzogen, die sich so sonst nie ereignet hätten – das bestätigen viele Eltern, deren Kinder in der Schule Theater gespielt haben.

Die not-   Auf all diese Erfahrungsbereiche im Sozialen, die mehr oder
wendigen   weniger mit den von Eckehard Schiffer geschilderten Grund-
Gegengewichte haltungen des Spielens zusammenhängen, kann hier nicht ausführlicher eingegangen werden. Es sollte nur gezeigt werden, welche Möglichkeiten des Ausgleichs gegenüber den beschriebenen Einseitigkeiten der Computermedien wie Games, Internet und Handys es heute überall gibt. Und viele Kinder und Jugendliche nehmen diese Chancen auch wahr und sorgen so für das notwendige Gegengewicht zu den mit unserer technischen Zivilisation verbundenen einseitigen Belastungen.

Soziales Engagement und Hilfeleistungen

Die Möglichkeiten, auf der Aktivseite etwas zu unternehmen, sind, wie wir gesehen haben, praktisch ebenso unbegrenzt wie die unendlichen Möglichkeiten, sich in den Weiten des Internets oder der Onlinerollenspiele zu verlieren.

Soziales   Zu den aktiven Tätigkeiten gehört natürlich – besonders im
und politisches Jugendalter – auch das soziale oder politische Engagement, etwa
Engagement   die Mitarbeit bei einer Umweltschutz- oder Menschenrechtsorganisation (z. B. beim Nabu, dem Vogelschutzbund, Green-

134

peace, amnesty international oder der Aktion Mensch, die alle auch Programme für Schüler anbieten). Gerade im Jugendalter können hier die aufkeimenden sozialen Ideale erprobt werden. Aber auch an einfache Hilfeleistungen, sei es in der Familie oder für die Nachbarn, ist hier zu denken.

Zusammgefasst würde unsere Medienbalance für den Bereich des Willens dann so aussehen:

seelischer Bereich	aktiv	passiv
Wollen, Handeln	sportliches Spiel Spiele im Freien Wanderung mit Zelt und Rucksack Schülertheater Erlebnispädagogik Zirkuspädagogik soziales Engagement	Computerspiele Internet Handy

Nachwort:
Medienbalance
herstellen heißt
Kultur schaffen

Abschließend zu unserer Betrachtung der Medien hinsichtlich der drei Bereiche unseres Seelenlebens können wir sagen: Wo Kinder und Jugendliche sich nur dem passiven Konsum von Medien hingeben, d. h. die Passivseite unserer Medienbilanz bedient wird, kann nichts Neues geschaffen werden, eben weil das Vorhandene einfach nur hingenommen und konsumiert wird. Konsumieren heißt ja verbrauchen, deshalb stehen diese Tätigkeiten auch auf der Passivseite unserer Bilanz. Dagegen entsteht durch alle Tätigkeiten, die wir auf der Aktivseite betrachtet haben, Kultur, indem Passivität überwunden und aktiv etwas geschaffen wird. Eine Medienbalance herstellen heißt Kultur schaffen. Durch die Medienbalance wird also nicht nur seelisch ein Ausgleich erzeugt, sondern auch faktisch in der Welt etwas Neues hervorgebracht. In dem von uns am Anfang gebrauchten Vergleich der Mediennutzung unserer Kinder mit einem Unternehmen könnten wir in diesem Falle von einem ausgeglichenen Ergebnis unseres Unternehmens sprechen, das durch die Aktivseite kulturelle Werte erzeugt. Gleichzeitig werden damit die drei seelischen Bereiche, das Denken und Vorstellen, das Fühlen und Empfinden sowie das Wollen und die sozialen Fähigkeiten, gebildet und bereichert, während das bei den passiven Tätigkeiten, wie wir gesehen haben, in der Regel gerade nicht der Fall ist.

Sind die Medien gemäß der hier vertretenen Anschauung nun also doch nur ein notweniges Übel, das wir am liebsten wieder abgeschafft sähen?

Damit stellt sich die Frage nach dem Sinn technologischer Entwicklung und technischen Fortschrittes überhaupt. Technologie und technischer Fortschritt bieten der Menschheit große Annehmlichkeiten, sie machen das Leben bequemer, angenehmer, leichter. Gleichzeitig fordern alle diese Annehmlichkeiten aber auch heraus, nämlich selber aktiv zu werden, sich nicht nur mit allen erdenklichen Medien zu umgeben, denen man sich passiv nur hinzugeben braucht.

Denn ein ausschließlich passiver Konsum von technischen

Medien kann, wie hoffentlich deutlich wurde, nicht nur seelisch, sondern auch physisch krank machen und zu suchtähnli-
chen Abhängigkeiten führen. Andererseits: Wäre ein Leben ohne
technische Medien, nur in aktivem, intellektuell-künstlerisch-
spielerischem Tun, nicht zu paradiesisch?

Ich meine, dass es sich lohnt, sich mit den technischen
Medien auseinanderzusetzen, sie zu untersuchen, sie zu hin-
terfragen. Weder eine paradiesische Künstlerkolonie noch eine
technologische Totalbefriedigung sollte unser Ideal sein, sondern – wie der Titel des Buches es ja zum Ausdruck bringt – eine
gesunde Balance. Der Mensch hat immerhin zwei Beine, und er
sollte mit beiden auf der Erde stehen.

Führen wir uns zum Abschluss unserer Betrachtung die Medienbilanz, wie wir sie hier erstellt haben, noch einmal in ihrer
Gesamtheit vor Augen:

seelischer Bereich	aktiv	passiv
Denken, Vorstellen Fantasie und Gedächtnis	vorlesen, lesen Rätsel lösen Sternenhimmel betrachten	fernsehen
Empfindungsvermögen, Fühlen	musizieren singen tanzen Vogelstimmen hören	MP3-Player, Radio, CDs hören Keyboard spielen Musik am PC
Wollen, Handeln	sportliches Spiel Spiele im Freien Wanderung mit Zelt und Rucksack Schülertheater Erlebnispädagogik Zirkuspädagogik soziales Engagement	Computerspiele Internet Handy

Anmerkungen

1   Ein typisches Beispiel hierfür ist die Medieninitiative «Schau-hin»: www.schau-hin.info

2   Als Beispiel sei hier die Reihe «Crashkurs» des Klett-Verlages genannt, in der sich sogenannte 90-Minuten-Ratgeber zu Themen wie «Kind und Internet», «Lernsoftware», «Computerspiele» etc. finden. Ein sinnvoller und hilfreicher Ratgeber in dieser Richtung ist aber z.B. das Buch von Ellen Nieswiodek-Martin, *Kinder in der Mediengesellschaft,* Holzgerlingen 2006.

3   Vgl. dazu z.B. die Veröffentlichung der «Stiftung Lesen»: Norbert Groeben, Bettina Hurrelmann, *Medienkompetenz. Voraussetzungen, Dimensionen, Funktionen,* Weinheim 2002 oder die website www. elternundmedien.de aus Nordrhein-Westfalen.

4   Vgl. dazu das folgende Kapitel über das Lesen.

5   Hartmut von Hentig, *Der technischen Zivilisation gewachsen bleiben. Nachdenken über die neuen Medien,* Weinheim 2002, S. 190.

6   Neil Postman in der Radioserie «Gutenbytes»

7   Vgl. hierzu das sehr lesenswerte Buch von Marie Luise Rau, *Literacy. Vom ersten Bilderbuch zum Erzählen, Lesen und Schreiben,* Bern 2007.

8   Vgl. dazu Peter Struck, *Das Erziehungsbuch,* Darmstadt 2005.

9   Vgl. hierzu z.B.: Rainer Patzlaff, *Der gefrorene Blick. Physiologische Wirkungen des Fernsehens und die Entwicklung des Kindes,* Stuttgart [3]2004; Edwin Hübner, *Medien und Gesundheit,* Stuttgart 2006; Manfred Spitzer, *Vorsicht Bildschirm! Elektronische Medien, Gehirnentwicklung, Gesundheit und Gesellschaft,* Stuttgart 2005; Wolfgang Bergmann / Gerald Hüther, *Computersüchtig. Kinder im Sog der modernen Medien.* Düsseldorf 2006; Christian Rittelmeyer, *Kindheit in Bedrängnis. Zwischen Kulturindustrie und technokratischer Bildungsreform,* Stuttgart 2007; Uwe Buermann, *Aufrecht durch die Medien,* Flensburg 2007.

10 Das extremste Beispiel in dieser Richtung bietet der Medienpädagoge Stephen Johnson, der in seinem Buch *Neue Intelligenz. Warum*

wir durch Computerspiele und TV klüger werden (Köln 2006) gleich reihenweise wissenschaftlich nicht haltbare Thesen in der angedeuteten Richtung vertritt.

11 Bericht des *Observer* vom 19. August 2001.

12 Wolfgang Bergmann / Gerald Hüther, *Computersüchtig. Kinder im Sog der modernen Medien.* Düsseldorf 2006, S. 80f.

13 Manfred Spitzer, *Vorsicht Bildschirm! Elektronische Medien, Gehirnentwicklung, Gesundheit und Gesellschaft,* Stuttgart 2005.

14 Christian Rittelmeyer, *Kindheit in Bedrängnis. Zwischen Kulturindustrie und technokratischer Bildungsreform,* Stuttgart 2007.

15 Vgl. dazu das sehr lesenswerte Buch des Erziehungswissenschaftlers Wolfgang-M. Auer, *Sinnes-Welten,* München 2007.

16 Vgl. Anmerkung 1 und 2.

17 Vgl. dazu auch das Buch *Fantasie. Von den schöpferischen Kräften in der Erziehung,* hrsg. von Hartwig Schiller und Christof Wiechert, Stuttgart 2007.

18 Vgl. dazu das Buch *Literacy* von Marie Luise Rau, a.a.O. (Anm. 7).

19 Eckehard Schiffer, *Wie entsteht Gesundheit? Schatzsuche statt Fehlerfahndung. Das Konzept der Salutogenese,* Weinheim 2001.

20 Schöne Verse, kleine Märchen und Geschichten zum Vorlesen finden sich z.B. in den Büchern von Dagmar Fink, *Das neugierige Füchslein im Bärenschloss,* Stuttgart 2006 und *Das Häschen Schnuppernäschen und der böse Bock,* Stuttgart ⁵2007.

21 Das Lesen als Schlüsselkompetenz zur Medienwelt wird dargestellt in dem Buch von Cornelia Rosebrock (Hrsg.), *Lesen im Medienzeitalter,* Weinheim 1995.

22 Hierzu gibt es reichhaltige Anregungen, z. B. in den Büchern von Wilma Ellersiek; in ihrem Buch *Berührungs- und Handgestenspiele* (Stuttgart 2005) werden für die einfache sprachliche und sensorische Kommunikation geeignete Spiele erläutert. In zwei weiteren Bänden – *Die tanzende, spielende Hand* (Stuttgart 2004) und *Wer schleicht heran mit leiser Tatz?* (Stuttgart 2005) – werden diese mit musikalischen und rhythmischen Elementen ergänzt. Kinderverse und Gedichte finden sich z.B. in: *Scheine, Sonne, scheine,* hrsg. v. Ernst Bühler (Stuttgart 2007). Im Buchhandel gibt es zahlreiche weitere Bücher mit Fingerspielen und Kinderversen, in denen man jede Menge Anregungen findet.

23 Vgl. hierzu Arnica Esterl, *Die Märchenleiter*, Stuttgart 2002, preiswerte Sonderausgabe 2007.

24 Ebd.

25 Aus dem Buch *Die Märchenleiter* von Arnica Esterl, S. 25-26.

26 Zum Märchenerzählen siehe auch Georg Dreißig, *Was Kinder innerlich stark macht. Märchen als Anregung, sich selbst zu entdecken*, Stuttgart 2002.

27 Vgl. hierzu Erika Dühnfort / Ernst Michael Kranich, *Der Anfangsunterricht im Schreiben und Lesen*, Stuttgart 1996 und Gertrud E. Heuß, *Erstlesen und Erstschreiben*, Donauwörth 1997.

28 Manfred Spitzer, *Vorsicht Bildschirm!*, München 2006.

29 Ebd.

30 Vgl. ebd., Kapitel 5.

31 Siehe auch hierzu wiederum das Buch *Vorsicht Bildschirm* von Manfred Spitzer.

32 Ähnlich aufgebaut wie die bekannten Rate-Krimis von Hans J. Press sind die Bücher seines Sohnes Julian Press in der Reihe *Finde den Täter* oder *Die Lakritzbande*.

33 Anregungen für das Kennenlernen des Sternenhimmels mit Kindern gibt das sehr hilfreiche Buch von Walter Kraul, *Erscheinungen am Sternenhimmel*, Stuttgart 2004.

34 Beispielsweise der im Verlag Urachhaus jährlich erscheinende *Sternen- und Planetenkalender* von Lisbeth Biesterbosch oder der beim Verlag am Goetheanum jährlich erscheinende *Sternkalender* von Wolfgang Held.

35 Zahlreiche Empfehlungen für gute Kinder- und Jugendbücher gibt Susanne Gaschke in ihrem Buch *Hexen, Hobbits und Piraten. Die besten Bücher für Kinder.*

36 Siehe z. B. Ellen Nieswiodek-Martin, a.a.O. (Anm. 2).

37 Rüdiger Liedtke, *Die Vertreibung der Stille*, München 2004.

38 Ebd., S. 216.

39 Er zitiert dabei den Musikpädagogen Hermann Rauhe.

40 Ebd., S. 217.

41 Interview im *Spiegel* 45/2007.

42 Beispielsweise von Wilma Ellersiek, *Wiegen- und Ruhelieder in der Quintenstimmung*, Stuttgart 2001; oder von Johanna Ziemann, *Ich wünsch dir eine gute Nacht*, Stuttgart 2003.

43 In ihrem Buch *Jedes Kind braucht Musik*, München 2006. Hier sind jede Menge Anregungen zum musikalischen Spielen und Bewegen enthalten.

44 Im Internet lassen sich über jede Suchmaschine durch Eingabe des Stichwortes «musikalische Früherziehung» und Hinzufügung der entsprechenden Stadt die an Ihrem Ort verfügbaren Angebote ausfindig machen.

45 In: *waldorf-hessen* Nr. 11, Oktober 2006.

46 Erhältlich sind diese Instrumente über den Spielwarenhandel www.livipur.de

47 Mehr darüber unter www.jedemkind.de

48 Mehr dazu unter www.zukunftsmusiker.de

49 Siehe www.musikschulen.de

50 Siehe dazu das erwähnte Buch *Jedes Kind braucht Musik* von Dorothée Kreusch-Jacob.

51 Siehe die lesenswerte Kurzfassung dieser umfangreichen Studie: Hans Günther Bastian, *Kinder optimal fördern – mit Musik*, Mainz 2001.

52 Manfred Spitzer, *Musik im Kopf*, Stuttgart 2005.

53 Ein «Sample» ist ein ehemals von einem Musiker erzeugter Ton auf einem entsprechenden Instrument, der elektronisch gespeichert und dann vom Keyboardspieler durch den Druck auf die entsprechende Taste aus dem Datenspeicher abgerufen wird.

54 Um sich davon eine Vorstellung machen zu können, schaue man sich im Internet einmal ein entsprechendes Demovideo an: www.yamaha-europe.com/yamaha_europe/downlaod/movies/01_product_demos/075_keyboards/PSR_S700_900/PSR_S700_900_german_300k.wmv. Dabei wird man feststellen, dass der Vorführer zunächst einen herkömmliche Pianosound erklingen lässt, dann aber mir nichts dir nichts eine «Gitarre» oder ein «Saxophon» «spielt», wobei er nach wie vor einfach nur die Tasten des Keyboards drücken muss.

55 Midi (Musical Instrument Digital Interface) ist der Ausdruck für eine computergestützte Programmiersprache, mit deren Hilfe durch gewisse Befehle eine bestimmte elektronische Tonquelle angesteuert werden kann, wie sie in jedem Keyboard, das über die Midifunktion verfügt, vorhanden ist. Midi-Dateien enthalten also

– anders als Audio-Dateien – keine Klänge, sondern lediglich Befehle, die Klangquellen steuern können.

56 Siehe dazu Elisabeth Göbel, *Eurythmie im ersten Jahrsiebt,* Stuttgart 2005.

57 Schöne Anregungen zum Kennenlernen und Beobachten der Vogelstimmen gibt Walter Streffer in seinem Buch *Magie der Vogelstimmen,* Stuttgart 2003.

58 Eine Spielekonsole ist ein ausschließlich für Spiele konzipierter Computer. Games, die auf Spielekonsolen laufen, bezeichnet man als Videospiele, Spiele, die auf einem PC oder Notebook gespielt werden, als Computer- oder PC-Spiele. Außerdem gibt es noch die sogenannten «Handhelds», das sind tragbare Spielekonsolen wie früher der Gameboy und heutzutage die PSP von Sony oder die DS von Nintendo. Daneben werden aber vor allem die neuesten Generationen von Handys als Spielekonsolen für das «Mobile-Gaming» benutzt. Das weltweit bisher führende Unternehmen für Spielesoftware, die Firma «Electronic Arts» (3 Mrd. Dollar Jahresumsatz, Spielehits wie Counterstrike, Die Sims u.a.) aus Los Angeles, wurde mittlerweile überholt von der Fusion der beiden Hersteller Vivendi und Activision (3,8 Mrd. Dollar Jahresumsatz, Onlinespiel *World of Warcraft,* Kriegsspiel *Call of Duty* u.a.).

59 Rechtlicher Hinweis: Alle in diesem Kapitel verwendeten Firmen- und Markennamen sind geschützte Markenzeichen und befinden sich im Besitz der jeweiligen Unternehmen. Zur XBox: Dean Takahashi, *The XBOX 360 uncloaked. The real story behind Microsoft's next-generation* video game console, Spiderworks 2006.

60 So hat z.B. die Firma Intel in den letzten Jahren ihre Chipentwicklung ganz auf den Markt der Spielecomputer ausgerichtet, weil hier Leistungen gefordert werden wie sonst nur noch im militärischen Bereich. Hier ergibt sich eine hochbrisante Interessengemeinschaft zwischen der Spiele- und der Militärindustrie, auf die ich hier nicht weiter eingehen kann. Vgl. dazu Ed Halter, *From Sun Tzu to Xbox. War and Video Games,* New York 2006.

61 Spielberg hat im Anschluss an seinen Kriegsfilm *Der Soldat James Ryan* über die Landung der Alliierten in der Normandie eines der ersten First-Person Shooter-Games *Medal of Honor* entwickelt, indem die damaligen Schlachten vom Spieler als Akteur in hyper-

realer Umgebung nachgespielt werden können. Vgl. Tanja Witting, *Ideologiegehalte im Marketing von Ego-Shootern*, www.snp.bpb.de/referate/witting.htm, gedruckt in *Medienhandbuch Computerspiele*, hrsg. v. Jürgen Fritz und Wolfgang Fehr, Bundeszentrale für Politische Bildung 2003.

Tom Clancy, einer der erfolgreichsten Spionagethriller-Autoren, ist Autor der Actiongame-Serie *Splintercell*, in der die Spieler in die Rolle des Geheimagenten Sam Fisher schlüpfen und hier «hautnah» dessen Actionabenteuer nachspielen können.

62 Hier ist als Vorreiter der Film *Lara Croft* zu nennen, der als einer der Ersten auf der Vorlage eines Games beruhte.

63 Thesenpapier auf dem 10. Bundeskongress der Bundeszentrale für politische Bildung im März 2006, siehe www.bpb.de/veranstaltungen.

64 Dabei kostet ein Spiel (die Preise bewegen sich zwischen zehn und sechzig Euro) im Durchschnitt etwa 30 Euro. Das ist erheblich teurer als etwa der Preis einer DVD, einer Kinokarte, einer Musik-CD oder eines Taschenbuches. Die Preise für die Hardware bewegen sich bei einem Spiele-PC oder Notebook zwischen 1500 und 3000 Euro, eine Spielekonsole kostet zwischen 300 und 600 Euro, eine portable Konsole ca. 150 Euro, also auch erheblich mehr als etwa ein MP3-, CD- oder DVD-Player.

65 Als «Ego-Shooter» bezeichnet man Games, bei denen der Spieler die Rolle eines Soldaten oder Spezialagenten übernimmt, wobei man am Bildschirm aus der Perspektive dieses Soldaten nur die eigene Waffe vor sich sieht, von der man dann im Spiel permanent Gebrauch machen muss. Diese Art von Spiel gehört mit zu den erfolgreichsten und am weitesten verbreiteten Games überhaupt, ihre hyperreale Darstellung und Brutalität macht sie für viele Spieler besonders reizvoll. Auch werden diese Spiele bevorzugt im Multiplayer-Modus entweder in einem lokalen Netzwerk (LAN) oder über das Internet mit mehreren Spielern, die gegeneinander antreten, gespielt. Zu diesem Zweck hat sich das Genre des sogenannten «E-Sports» herausgebildet, wo – wie in einer Fußballliga – regelmäßige Wettkämpfe ausgetragen werden, die man im Internet auch live verfolgen kann (www.giga.de). Am bekanntesten ist in diesem Genre *Counterstrike*, weil dieses Spiel auch von

Robert Steinhäuser, dem Amokläufer von Erfurt, gespielt worden ist. Deshalb werden diese Spiele auch als «Killerspiele» bezeichnet. Vgl. dazu Dave Grossman, *Wer hat unseren Kindern das Töten beigebracht?*, Stuttgart 2002.

66 Korea gilt als das Mekka der Spielebranche. Hier ist insbesondere die Form des Online-Rollenspiels (MMORPG) wie etwa *World of Warcraft* sehr weit verbreitet. Wettbewerbe dieses Genres werden hier mit derselben Intensität und Massenbegeisterung verfolgt wie bei uns die Fußball-WM. Von den 25 Millionen Internetnutzern spielt ein großer Teil regelmäßig solche Spiele, zeitweise sind dann 150.000 Spieler gleichzeitig in einem Spiel unterwegs. Massive Suchterscheinungen bis hin zu Todesfällen sind die Folge. Mittlerweile verbreiten sich Spiele wie *World of Warcraft* oder *Everquest* auch in Deutschland mit gewaltigem Tempo, wobei die Spieler hier bis zu zehn Stunden am Tag online verbringen!

67 Vgl. Anm. 62.

68 Unabhängige Selbstkontrolle für Video- und Computerspiele.

69 Simulationsspiele, die Alltagssituationen nachahmen wie etwa *Die Sims*, sind vor allem bei Mädchen äußerst beliebt.

70 Dabei ist die Darstellung der Spiele in der kaum noch zu überblickenden Fülle von Printmedien, die sich in Millionenauflage auf dem Markt befinden, äußerst raffiniert getarnt. So versucht z.B. die Zeitschrift *Computer Bild Spiele* in ihrer September-Ausgabe 2006 mit einem Beitrag «Computerspiele können auf das wirkliche Leben vorbereiten» auf primitive, aber durchaus weitverbreitete Art, Eltern von der Nützlichkeit des Spielens für kleine Kinder zu überzeugen. Direkt vor und nach diesem Artikel sind dann Lobeshymnen (Tests) der neuesten Ego-Shooter und Actionspiele platziert, sodass die «Lockvogel»-Funktion des davorstehenden Beitrags nur allzu durchschaubar ist – ein Eindruck, der sich bei intensiverem Studium der einschlägigen Computerspiele-Zeitschriften wie etwa dem Branchenfachblatt *Gamesmarkt* noch verstärkt. Es gibt wohl kaum eine Branche innerhalb der Medienindustrie, die ihre eigentlichen Zugpferde, nämlich die gewalthaltigen «Action-Spiele», geschickter zu tarnen versteht als die Gamesbranche.

71 So ist es nur schwer verständlich, dass Steven Spielberg, der Autor des emotional äußerst aufrüttelnden Kriegsfilms *Der Soldat James*

Ryan diesen Stoff, wahrscheinlich aufgrund finanzieller Verflechtungen seiner Produktionsfirma «Dreamworks» mit dem Spielehersteller «Electronic Arts», in Form des Computerspiels *Medal of Honor* weiter verarbeitet hat.

72 Jürgen Fritz, Virtuelle Gewalt – Modell oder Spiegel?, in: *Medienhandbuch Computerspiele*, hrsg. von Jürgen Fritz und Wolfgang Fehr, Bundeszentrale für politische Bildung 2003.

73 Näheres dazu ist nachzulesen bei Joachim Bauer, *Warum ich fühle, was du fühlst. Intuitive Kommunikation und das Geheimnis der Spiegelneurone*, Hamburg 2005.

74 Dabei fällt einem auch auf, dass die Online- und Printwerbung für viele Spiele immer im Stil des hochemotionalen Kinos daherkommt, wobei die Grafik in ihrer Darstellung der Personen in keinster Weise mit der oft holzschnittartigen Darstellung der Figuren in den Spielen übereinstimmt. Das heißt, hier wird mit Emotionen geworben, die im Spiel selber überhaupt nicht angesprochen werden.

75 Jürgen Fritz, Action, Lebenswelten und Transfer, s. die Zeitschrift *medien und erziehung*, http://www.sw.fh-koeln.de/www/downloads/medien+erziehung.pdf

76 So z.B. in dem Gamesmagazin *Gee*, Ausgabe September 2006, wo in einem Beitrag beklagt wird, wie wenig Mitgefühl oder andere Gefühle die Spiele bisher erzeugen. Im Übrigen kann man auch die «Gegenprobe» machen und sich auf die Suche nach Games machen, in denen etwa das Thema «Liebe und Erotik» eine Rolle spielt. Bei dieser Suche wird man mit ganz wenigen Ausnahmen ins Leere gehen. Erstaunlich übrigens, dass auf diese Zusammenhänge bisher keine Veröffentlichung zu Computerspielen eingegangen ist, weder Thomas Feibels *Killerspiele im Kinderzimmer* (Düsseldorf 2004) noch Manfred Spitzers *Vorsicht Bildschirm!* (Stuttgart 2005), noch Gerald Hüthers *Computersüchtig* (Düsseldorf 2006).

77 Vgl. dazu Dave Grossman, *Wer hat unseren Kindern das Töten beigebracht?*, Stuttgart 2002.

78 *Was sagt die Wirkungsforschung wirklich?*, von Michael Kunczik und Astrid Zipfel, www.gamesmarkt.de/forschung. Hier werden die kritischen Studien von Jürgen Fritz bezüglich der Abstumpfung der Empathiefähigkeit zwar erwähnt, im Hinblick auf ihre Relevanz

aber in typischer Manier relativiert, sodass am Ende unklar bleibt, wo die Autoren dieser Studie stehen.

79 Leipziger Manifest, August 2006: *Digitale Unterhaltung ist die Zukunft der Medienindustrie. Verspielen Sie nicht die Zukunft, spielen Sie mit!*, hrsg. vom Bundesverband der Entwickler von Computerspielen G.A.M.E.

80 Daran ändert auch die neue Spielkonsole «Wii» von Nintendo mit ihrer frei beweglichen Spielsteuerung nichts. Hiermit können Bewegungen wie etwa die eines Tennisschlägers simuliert werden. Dazu schaue man sich den entsprechenden Werbetrailer an (unter www.youtube.com nach «Wii-Trailer 1» suchen). Die hier vorgeführten Bewegungen offenbaren ihren virtuellen Charakter schon bei einfachem Hinschauen.

81 Bericht des *Observer* vom 19. August 2001.

82 Hilfe im Umgang mit Computerspielsucht gibt es unter www. onlinesucht.de

83 Als Blog werden im Internet veröffentlichte, personalisierte Webseiten bezeichnet, in denen der Blogger sich selbst zur Schau stellen kann, häufig durch Bild- und Tondokumente unterstützt. Die Blogs können dann von den Betrachtern kommentiert werden.

84 Eckhard Schiffer, *Der kleine Prinz in Las Vegas. Mit spielerischer Intelligenz den Herausforderungen unserer Zeit begegnen*, Weinheim 1997, S. 8.

85 Heide Britz-Crecelius, *Kinderspiel lebensentscheidend*, Stuttgart 1993. Ingeborg Haller, *Das spielende Kind. Beobachtungen einer Waldorfkindergärtnerin*. Stuttgart 1991. Anregungen für das gesellige Spiel mit Kindern von drei bis sechs Jahren gibt Freya Jaffke in ihrem Buch *Spiel mit mir!*, Stuttgart 2007.

86 Beispielsweise Rudolf Kischnik, Will van Haren, *Dreh dich nicht um ... 300 Bewegungsspiele für Kinder und Jugendliche*, Stuttgart 2008.

87 Mehr über Jungenpädagogik erfährt man in dem von mir herausgegebenen Reader *Brauchen Jungen eine andere Erziehung als Mädchen?*, Stuttgart 2007.

88 Etwa mit dem Erlebnispädagogik-Anbieter *eos*, www.eos-ep.de

89 Vgl. dazu *Das große Ferien- und Freizeitbuch* von Anne und Peter Thomas, Stuttgart 2006.

148

LERNEN

Mit Beiträgen von Gerald Hüther, Henning Köhler,
Georg Kühlewind, Eckhard Schiffer
und Hartwig Schiller

Verlag Freies Geistesleben

aus neurobiologischer, pädagogischer,
entwicklungspsychologischer und
geisteswissenschaftlicher Sicht
Hrsg. von Andreas Neider.
Mit Beiträgen von G. Hüther, H. Köhler, G. Kühlewind,
E. Schiffer und H. Schiller.
99 Seiten, kartoniert
ISBN 978-3-7725-2265-9

Die Frage nach dem kindlichen Lernen hat gegenwärtig eine
so starke Aktualität gewonnen, weil sich an ihrer Beantwortung nicht nur entscheidet, wohin sich unsere Kinder entwickeln werden, sondern zugleich auch, welches Bild vom
Menschen wir vertreten wollen. Der Beantwortung dieser
Frage sind die fünf Beiträge aus naturwissenschaftlicher,
entwicklungspsychologischer, pädagogischer und geisteswissenschaftlicher Sicht gewidmet. Sie konvergieren dabei
im Hinblick auf eine ganzheitliche Sicht der kindlichen
Entwicklung.

Verlag Freies Geistesleben

Kindergarten und Schule im Dialog
Hrsg. von Andreas Neider.
Mit Beiträgen von S. Bardt, G. Hüther, Th. Jachmann,
M. Kaiser, G. Lundgren, Ch. Rittelmeyer, P. Singer und J. Vagedes.
184 Seiten, kartoniert
ISBN 978-3-7725-2066-2

Nicht die Frage nach dem gesellschaftlichen Mehrwert von
Bildung, sondern nach dem menschenbildenden Wert der
Erziehung steht im Vordergrund der Betrachtungen in diesem Buch. Dabei kommt es auch auf eine engere Zusam-
menarbeit von Kindergarten und Schule an.

Bildung ist mehr als Lernen stellt interdisziplinäre Ansätze
aus den Erziehungswissenschaften, der Neurobiologie, der
Entwicklungspsychologie und der Waldorfpädagogik vor.
Dabei werden besonders die Bedeutung des kindlichen
Spiels sowie die motorische und gesundheitliche Entwick-
lung berücksichtigt. Das Buch wendet sich an Erzieher,
Lehrer, Eltern, Therapeuten, Heilpädagogen und Ärzte.

Verlag Freies Geistesleben

Hrsg. von Andreas Neider.
Mit Beiträgen von M. Birnthaler, C. Grah-Wittich, Th. Jachmann,
S. Krauch, U. Meier, A. Neider, T. Rohrmann und P. Singer
260 Seiten, kartoniert
ISBN 978-3-7725-2169-0

Die pädagogische Situation sowohl in Kindergärten wie in
Schulen wird immer mehr geprägt durch sogenannte Verhaltens-
auffälligkeiten bei denjenigen Kindern, die Eltern, Erziehern
und Lehrern Sorge bereiten. Dabei tritt ein großer Teil dieser
Probleme überwiegend bei den Jungen in Erscheinung. Woran
liegt das? Haben es Jungen heute schwerer, sich zu entwickeln,
als Mädchen?

Die Beiträge dieses Buches widmen sich dieser Fragestellung
und gehen dabei sowohl auf die individuellen Entwicklungs-
unterschiede bei Jungen und Mädchen wie auf die pädagogischen
Möglichkeiten in Kindergarten, Schule und Elternhaus ein.

Verlag Freies Geistesleben